前方後円墳

兵庫県五色塚古墳（神戸市教育委員会提供）

五色塚古墳は海に面した前方後円墳。後円部と前方部の基底には比高差はあるが，墳丘の3段築成は守られており，馬蹄形の周濠をもつ。前方後円墳は3段築成の理念を持つ，という考え方の数少ない典型の一つ。初期ヤマト政権成立の根拠の一つとされている奈良県箸墓古墳，西殿塚古墳，桜井茶臼山古墳，メスリ山古墳など，すべてこの理念に合致しない。

帆立貝式古墳

奈良県乙女山古墳（県立橿原考古学研究所提供）

帆立貝式古墳は帆立貝式前方後円墳とよばれることが多いが，はたしてそうか。前方後円墳の前方部が後円部径の半分に満たないものをこの類型に入れる考えがあるが，問題は「前方部」の高さである。乙女山古墳は帆立貝式古墳の典型とされているが，「前方部」は低平で，前方部の短い前方後円墳ではない。帆立貝式古墳は，基本的には張出しのある円墳の範疇に入る。

前方後方墳

栃木県下侍塚古墳（栃木県立博物館提供）

前方後方墳は，ヤマト政権に対して非主流の首長墓である。東国では，初期の大型墓が前方後方墳であることは早くから指摘されていたし，大和でもおおやまと古墳集団の中の萱生古墳群の波多子塚古墳が特殊器台をもつなど，その徴候がある。基本的に前方後方墳は方形理念の墓であり，円形理念の前方後円墳とは根本で異なる。

方墳

京都府聖塚古墳（京都府埋蔵文化財調査研究センター提供）

弥生時代は方墳＝方形周溝墓の時代であった。確かに3世紀以降の高塚とは異なるけれども方形理念の墓である点では変わりはない。3世紀に円形理念を主体とする前方後円墳が主流に登場してきたが，方形理念は脈絡として続き，列島から消滅することはなかった。5世紀には大型方墳が出現し，7・8世紀には大王墓，貴族墓として再登場する。

上円下方墳

上円下方墳と八角形墳は前方後円墳消滅後の王陵級墳墓の一つである。上円下方墳は、奈良県石舞台古墳が最大である可能性があるが、確実には同県カラト古墳や静岡県清水柳北1号墳など、現存例は極めて少ない。八角形墳は天武・持統合葬陵や文武陵に比定されている中尾山古墳など王陵の可能性が高いが、正八角形にならない兵庫県中山荘園古墳などは同列には議論できない。

静岡県清水柳北1号墳（沼津市教育委員会提供）

八角形墳

奈良県中尾山古墳（泉森皎氏提供）

韓国・金海良洞里墳墓群

いま韓国の金海地方で，原三国～伽耶の重要遺跡の発掘が進んでいる。東義大チームによる良洞里墳墓群の発掘は，この地が弁辰諸国の物流センターのかなめであることを如実に物語り，まさに後漢書や魏志韓伝の世界を具現する内容である。鉄をはじめとする豊富な出土品はおどろくばかりで，対馬や倭と共通する遺物は魏志倭人伝の大陸側の門戸として貫禄十分の質量である。

構　成／林孝澤
写真提供／東義大学校博物館

第162号墓遺構検出状況

第162号墓銅鏡検出状況

第162号墓出土漢鏡
　左：禽獣文系漢鏡（直径9.1cm）
　右：内行花文鏡（直径11.7cm）

第162号墓出土仿製鏡
　左：直径7.6cm
　右：直径10.0cm

第55号墓出土遺物
　左上：頸飾（長さ380cm）
　左下：内行花文系仿製鏡（直径8.6cm）
　右：銅製把頭飾と剣把付鉄剣（総長40.0cm）

第90号墓出土中広形銅矛（長さ84.0cm）

季刊 考古学 第40号

特集 古墳の形の謎を解く

●口絵(カラー) 前方後円墳／帆立貝式古墳
前方後方墳／方墳
上円下方墳／八角形墳
韓国・金海良洞里墳墓群

(モノクロ) 奈良県赤土山古墳
大阪府茶臼塚古墳
長野県森将軍塚古墳
特殊器台形埴輪

古墳の形が意味するもの————石野博信 (14)

古墳の形

前方後円墳————————宮川　徙 (19)

帆立貝式古墳——————木下　亘 (25)

前方後方墳——————赤塚次郎 (29)

円　墳————————————泉森　晈 (33)

方　墳————————————平良泰久 (37)

上円下方墳——————金子裕之 (40)

八角形墳——————————脇坂光彦 (44)

古墳の形と古墳群
　西都原古墳群————————————————北郷泰道 *(47)*
　大和(おおやまと)古墳群—————————————置田雅昭 *(51)*
　上野・下野地域の古墳群—————————————右島和夫 *(57)*

古墳の側面観
　古墳のキュービズム——————————————豊岡卓之 *(61)*

最近の墳丘調査
　奈良県赤土山古墳——————————————松本洋明 *(70)*
　大阪府茶臼塚古墳——————————————石田成年 *(72)*
　長野県森将軍塚古墳—————————————矢島宏雄 *(74)*

韓国の前方後円墳————————————————姜仁求 *(77)*

最近の発掘から
　竪穴式石室を伴う前方後円墳—大阪府峯ヶ塚古墳—笠井敏光 *(81)*
　長岡京の東院跡—京都府長岡京跡——————————山中章 *(83)*

連載講座 縄紋時代史
　14. 縄紋人の領域(1)—————————————林謙作 *(89)*

書評————————————————————————*(97)*
論文展望————————————————————*(101)*
報告書・会誌新刊一覧—————————————*(103)*
考古学界ニュース———————————————*(106)*

第1回雄山閣考古学賞受賞図書発表————————*(110)*

表紙デザイン・カット／サンクリエイト

奈良県赤土山古墳

構　成／松本洋明
写真提供／天理市教育委員会

奈良県天理市に所在する残存長103.5mの前方後方墳。後方部の東面と南面の2ヵ所に造り出しがある。また後方部の南側には幅広いテラス（尾根筋状遺構）に特殊な葺石遺構があり、埴輪列が墳丘から連なって同遺構を区画している。墳丘の基底や兆域を築いた遺構は原形をよく留めている。

赤土山古墳全景（東方から）

後方部南東面の遺構（尾根筋状遺構）

大阪府茶臼塚古墳

松岳山古墳の前方部にほとんど接して位置する茶臼塚古墳は墳丘表面が安山岩板石で覆われている特異なもので、墳形は東西17m前後、南北22m前後、高さ約3mを測る2段築成の長方形墳と推察される。

　　　　　構　成／石田成年
　　　　　写真提供／柏原市歴史資料館

茶臼塚古墳外壁板石積み（II区、東から）
現地表下1mで検出した。石室の構造と同様、安山岩の板石を小口積みし、壁面は地表面に対して垂直である。

松岳山古墳のテラス
（II区、画面右端が茶臼塚古墳）
II区では茶臼塚古墳とは30cmの間隔を置く。前方部テラスの板石積みは標高48.35m付近から垂直に立ち上がり、高さは約40cmである。茶臼塚古墳の基底部とに15cmの高低差があり、茶臼塚のほうが高い。

茶臼塚古墳外壁板石積み（III区、東から）
外壁板石積みの裏込めと思われる石材の堆積は上面が標高50mで水平をなし、IV区で検出した1段目テラスと一致する。

前方部（尾根を成形し、盛土と葺石設置を同時に行なう）

長野県森将軍塚古墳

森将軍塚古墳は、地形の制約を受け、特異な墳丘形態をしている。しかも、その墳丘盛土内には、多数の横や縦方向の石垣が埋め込まれており、他に例をみない墳丘構造が明らかになった。本古墳は、痩せ尾根に石垣によるブロックごとの盛土が行なわれ、築造されていた。

構　成／矢島宏雄
写真提供／更埴市教育委員会

後円部西側
（中段・上段石垣により2段階の盛土を行なう）

後円部西側（締め固め盛土の後、縦石積みで墳丘斜面の調整を行なう）

特殊器台形埴輪

大和古墳群には特殊器台形埴輪をもつ古墳が5基ある。波多子塚古墳はそのうちの1基で、全長139mの前方後方墳である。これまでに40点余りの埴輪片が採集されているが、そのなかには器台形埴輪の口縁部の鋸歯文、巴形や三角の透しのあるもの、また壺形埴輪の断片とみられるものがあり、注目される。

構　成／山内紀嗣
写真提供／天理大学附属天理参考館

波多子塚古墳後方部（東より）

波多子塚古墳後方部（南より。左が前方部）

特殊器台形埴輪（3は巴形透しの部分。上は裏側）

季刊 考古学

特集

古墳の形の謎を解く

特集●古墳の形の謎を解く

古墳の形が意味するもの

徳島文理大学教授 　石 野 博 信
（いしの・ひろのぶ）

日本では方形墓から次第に円形墓が主流になり，やがて前方後円墳として発展する。ただし方・円の伝統的低塚もまた継続する

　弥生時代は方形墓が主流であった。古墳時代は，円形墓が加わり，その変形である前方後円墳が主流となる。このように，墳丘形態の平面形に，はっきりと時代の特色が表われているだけではなく，前方後円墳成立後の日本列島に前方後方墳，方墳，円墳などが併存し，時期と地域によって様々なあり方を示す。

　他方，古墳時代を前後する東アジア世界をみると，朝鮮半島南部の百済・伽耶・新羅の地域と中国の江南の地域には円形墓があるのに対し，高句麗の地域と中国中・北部では方形墓が主体であるという[1]。

　墳丘の平面形が，時期と地域によって異なることの背景には，墳丘平面形に象徴されている習俗か思想の差があるかもしれない。あるいは，本来は思想の産物であった方と円が，のちに階層差を示すシンボルとされたかもしれない。各墳形の変遷と地域でのあり方を整理した上で，その意味するところを考えてみたい。

1　方形墓の変遷

　方形墓は，数千年間続いた縄文時代の日本列島にはなかった墳丘平面形である。Ｂ．Ｃ．3世紀（弥生前期）に水稲農耕の伝播とともに北部九州（福岡県夜須町東小田峯遺跡）に伝わり，Ｂ．Ｃ．2世紀（弥生前期末）には近畿を中心とする弥生墓制の主流として関東以西に広まった。Ｂ．Ｃ．1世紀〜Ａ．Ｄ．1世紀（弥生中期）には，列島各地の弥生王墓として福岡県前原町三雲遺跡や佐賀県三田川町・神埼町吉野ヶ里遺跡をはじめ，大阪市加美遺跡，愛知県朝日遺跡などに一辺20〜40ｍの大型墓が出現する。前方後円墳出現以降の方墳と墳丘形態や規模では何ら変わらないが，方形周溝墓・方形台状墓とよばれているように全体としては小さく，墳丘が低く群集する傾向がある。

　弥生時代以来の伝統をひく方形墓は，3〜6世紀（古墳早期〜同後期）を通じて築造されている。それには，一つの墓域で古墳時代を通じて方形墓（方形周溝墓）をつくり続けるＡ類型（奈良県田原本町矢部遺跡など）と一定時期に集中的に方形墓をつくるＢ類型（滋賀県守山市服部遺跡など）と前方後円墳か前方後方墳の周囲に付随的につくるＣ類型（福島県会津坂下町杵ヶ森古墳群など）と独立墳あるいは2・3基の小群としてのＤ類型がある。

　Ａ類型は，300〜400年間にわたって，集団構成がほとんど変化していない小集団の墳形として方形墓が採用されていることを示し，Ｂ類型は，より広い範囲を生活領域とするいくつかの集団の共同墓域の墳形として採用されていることを示す。Ｃ類型は明らかに前方後円（方）墳を頂点とする階層差を示しており，前方後円（方）墳築造後，その周囲をとりまくように方形墓を配置している。Ａ〜Ｃ類型の方形墓の埋葬施設は箱形木棺墓が多く，副葬品をもつことは稀であるが，長野県と群馬県に分布する礫床墓には鉄剣やガラス玉などの副葬品をもつ例がある（群馬県渋川市有馬遺跡など）。

　Ｄ類型は，弥生時代前期以来の大型墓に例があり，3世紀には内行花文鏡をもつ福岡県久留米市祇園山古墳などがある。

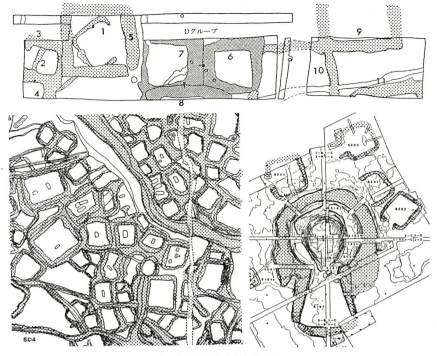

図1 方形周溝墓と前方後円墳
上段：奈良県矢部遺跡（1…3世紀後半・庄内新式～11…6世紀）
下段左：滋賀県服部遺跡
下段右：福島県杵ヶ森古墳（3世紀後半・庄内新式）

2 円形墓の変遷

　円形墓は，弥生時代を通じて非主流的な存在であった[2]。B.C.2世紀頃（弥生前期末），香川県龍川五条遺跡など，西日本で2・3基の円形墓があるが，稀に方形墓群の中に混在している程度にすぎない。円形墓がやや増加のきざしを見せるのはA.D.1世紀の頃（弥生中期後半）で兵庫県姫路市八幡遺跡などで群内に複数の円形墓がつくられる。中でも，神戸市新保遺跡の葺石をもつ円形墓は，2・3世紀に類例が増える葺石をもつ円形墓の先駆となる。

　2世紀（弥生後期）の円形墓の代表は，兵庫例県赤穂市原田中遺跡であろう。径20mの円形部に2つの小さな方形突出部が付き，葺石をもつ。まわりには幅4m余の周濠がめぐる。墳丘には，吉備の特殊器台より古いタイプの特殊器台が立てられていた。周辺にはほかにも2・3の円形墓があるらしく，今のところ最も古い円形墓群である。

　3世紀（古墳早期＝庄内式期）には，神戸市深江北町遺跡に円形墓の群集墳が現われる。径7m余の円形（周溝）墓が約12×52mの調査区の中に11基あり，おそらく30基以上の群集が推定できる。

　ただし，3世紀と4世紀前半には大型円形墓としての発展はなく，円形墓の系譜は前方後円墳への道を歩んだ。

　1・2世紀の円形墓は，資料数は少ないものの兵庫県西部―播磨に集中するように見うけられる。2世紀後半に前方後円形の岡山市矢藤治山古墳や中円双方形の倉敷市楯築古墳が出現することを勘案すれば，吉備と播磨―東部瀬戸内の地域で突出部をもつ円形墓の胎動があったように思われる。

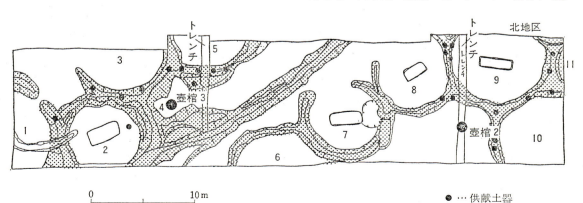

図2 古墳早期（庄内式期）の円形周溝墓群（神戸市深江北町遺跡）

4世紀後半から5世紀にかけて大型円墳が出現する。4世紀の前方後円墳がない地域の独立墳としては奈良市富雄丸山古墳がある。径86mの円墳で粘土槨・割竹形木棺があり，鏡や鍬形石などの石製品をもつ。他方，4世紀の前方後円墳地帯にある大型円墳としては，奈良市マエ塚古墳（径48m）や同・丸塚古墳（径45m）がある。マエ塚古墳は鏡9面と石釧をもち，丸塚古墳は鏡14面と銅鏃や琴柱形石製品をもつ。これらの大型円墳は，前方後円墳が日本列島に広く拡散した以降の所産であり，とくに後二者は前方後円墳との間に階層差を考えさせる。

　径86mの富雄丸山古墳については，前方後円墳をつくりえない地域豪族という理解が一般的であろうが，前方後円墳をつくらない地域豪族と考えることもできる。盆地東南部を根拠地とする初期ヤマト政権が，墓域を盆地北部の佐紀丘陵に移した頃，前方後円墳を築造することをいさぎよしとしなかった集団があったことを思わせる。その象徴が独立の大型円墳であった。

3　前方後円墳

　今，3世紀前半の前方後円墳が確認されつつある。1990年以来，近藤義郎氏によって調査された岡山市矢藤治山古墳は，全長36.5mの前方後円墳である。もっとも，近藤氏は前方後円墳との間に埋葬施設，副葬品に差異を認め，前方後円形墳丘墓とされている。近藤氏のご案内で現地を見せて頂いたが，私には前方後円形墳丘墓と前方後円墳を区別することは困難だと感じた。2世紀末の楯築古墳もまた全長（推定）80m余の中円双方墳であり，墳丘墓とされているが，一方の突出部端は幅5m余の溝によって明瞭に区画されている。両者とも，後（中）円部の半径をこえる前方部を付設した前方後円墳であり，中円双方墳である。一歩退って，墳形名称をどのようにつけるにせよ，2世紀に前方後円形，ならびに中円双方形の墳丘をもった墓があることは事実である。

　3世紀（庄内式期）の前方後円形の墓はさらに増加する。香川県高松市鶴尾4号墳は全長40mの前方後円墳で，後円部には長さ（内法）4.7mの竪穴式石室をもつ。墳丘裾には列石があって墳形は明瞭であり，長大な竪穴式石室をもつ点で4世紀（布留式期）の前方後円形の墓と変わるところはない。従来，3世紀の前方後円墳は，いわゆる定型化した前方後円墳とくらべると墳丘立面形，とくに前方部が低平である点に1つの差異があった。ところが，京都府園部町黒田古墳は全長52mの前方後円墳で前方部端が立ち上り截然としている。その上，後円部中央の墓壙は7×11mと大きく，鏡をもつ。土器は，庄内型の飾壺である。

　纒向3式新（庄内2式新＝寺沢氏の布留0式）には全長92mの纒向石塚古墳を標式とする纒向型前方後円墳の関東から九州までの拡散が寺沢氏によって提唱されている（私は，纒向石塚古墳の築造をおそくとも3世紀前半と考えており，寺沢氏との間に60年余の差がある）。纒向石塚古墳そのものをはじめ，個々の古墳の墳形について検討すべき点はあるものの，3世紀に同一企画にもとづく前方後円墳が日本列島に広く分布しているらしい点は重要である。3世紀末，4世紀に考えられている前方後円墳体制の先駆形態が，すでに3世紀前半にあることを示す。

　都出比呂志氏は，鶴尾4号墳と黒田古墳をともに墳丘墓と呼ぶ[3]。その理由は，都出氏が提唱している墳丘の3段築成，北頭位などの前方後円墳体制の要件に合致しないからであろう。それならば，初期の大型前方後円墳と言われている奈良県桜井市箸墓古墳の前方部側面の無段築，京都府山城町椿井大塚山古墳の後円部の不整合，長野県更

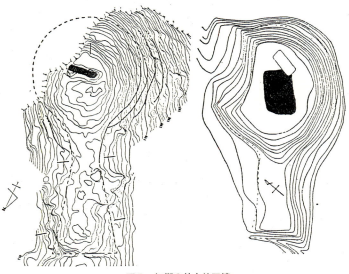

図3　初期の前方後円墳
（左：香川県鶴尾4号墳，右：京都府黒田古墳）

殖市森将軍塚古墳の円形でも方形でもない後丘部などはとても定型化した前方後円墳とよべるものではない。近藤・都出両氏の用語である墳丘墓と改めるべきであろう。もし3古墳について地形による改変，地域による文化受容の差という説明で前方後円墳に加えるのであれば，さきの鶴尾・黒田両古墳も前方後円墳に加えなければならない。

　全国で約6,000基はあるという前方後円墳の中で，都出氏の前方後円墳の要件を満たす古墳はいくつあるのだろうか。もしかすると90％余の古墳が要件を満たせないかもしれない。あるいは，各地の上位の前方後円墳だけが要件を満たしておればよい，ということであればその比較検討が必要である。

　今，備前の51基の前方後円墳について検討すれば，次の通りである[4]。
○後円部，前方部とも3段築成の古墳はゼロ
○後円部3段から1段までどちらかに段築のある古墳は14基

つまり，前方後円墳が多い地域に近い備前では，後円部・前方部に1段でも段築のある前方後円墳を数えても全体の30％に満たない。

　備前最大の前方後円墳である全長315〜330mの5世紀の両宮山古墳でも，前方部2段の段築だけで後円部は明瞭でない。4世紀の岡山市浦間茶臼山古墳（全長138m）は，後円部3段に整えるが前方部には段築はない。4世紀と5世紀の備前最大の古墳の実態である。

　ただし，吉備最大の古墳である5世紀の岡山市造山古墳と総社市作山古墳は，ともに後円部・前方部とも3段築成で要件にあっている。

　埋葬頭位や副葬品については資料に限りがあるので墳丘段築だけを取りあげたが，すべての要件を満たす古墳はさらに減少するであろうことは理解できる。例えば，旧国単位で上位の前方後円墳は3段築成，北頭位，三角縁神獣鏡で中・下位と各階層ごとに段築を逓減し，石室規模が逓減し，副葬品が逓減するようなそして，それが複雑に組み合された奈良時代の官僚機構でもありえない階層差が古墳に表現されているのだろうか。

　なお，前方後円墳は前方部の型によって柄鏡型前方部と撥型前方部と二等辺三角形前方部の3類型に大きく分類できる。この3類型は，前方後方墳にも適用できそうである。赤塚次郎氏は，前方後方墳の検討から，「柄鏡型」は畿内型，「三

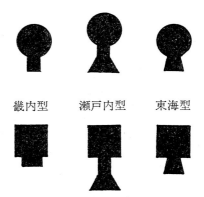

図4　前方後円(方)墳の3類型

角型」は東海型と想定された[5]。その当否は，より広い範囲での検討が必要だが，それぞれの類型に出自があり，系譜関係があることは確かであろう。

　例えば，大和の萱生・柳本・纒向の3古墳群の中で，初期の大型前方後円墳である箸墓古墳と西殿塚古墳が撥型で，播磨の揖保川町養久山1号墳を介して吉備の浦間茶臼山古墳の撥型系譜に連なること，カムヤマトイワレビコ伝承をもつイワレの地域にある桜井茶臼山古墳とメスリ山古墳が柄鏡型で石清尾山古墳群を介して宮崎県西都市西都原古墳群の「柄鏡型」に連なることなどが浮かびあがる。

　前方後円墳にも様々な類型があること，時期ごとに地域ごとに，各類型の動態を比較検討しなければならない。

4　前方後方墳

　数百年間続いた弥生方形墓の流れの中で2世紀に一辺中央部に小さな突出部をもつ墓が普遍的に現われはじめる。大阪市久宝寺遺跡では，一辺10mの方形部に幅4m，長さ2mの突出部が付設され，幅3mの溝が全周する。奈良県広陵町黒石10号墓は，一辺中央の突出部を除いて溝がめぐり，突出部両側の周溝に壺や高坏などが転落していた。のちの「くびれ部」に相当する場に食物が供献されたことが類推できる。

　3世紀には，京都府城陽市芝ヶ原古墳や愛知県清洲町廻間1号墳などが初期の前方後方墳として登場する。芝ヶ原古墳は，全長（推定）40m，後方部は一辺約20mで，類例の少ない四獣形鏡と車輪石型銅釧が庄内型の飾壺と共伴している。

　大塚初重氏らによって，以前から東国の各地域

では，初期の大型古墳は前方後方墳から始まることが指摘されてきた。西日本でも前方後方墳が先行する地域があったのではないか。

本誌で紹介されている奈良県天理市波多子塚古墳の特殊器台系埴輪がその可能性を示唆する。波多子塚古墳は，全長144 mの柄鏡型前方後方墳で，前方部が異常に長い。同じ萱生古墳群内で中山大塚古墳（前方後円墳）と西殿塚古墳から特殊器台が採集されており，中山大塚古墳が最も古いらしい。つまり，波多子塚古墳が萱生古墳群の最古の古墳ではないが，群内の前方後方墳には下池山古墳（全長115 m）とフサギ塚古墳（全長110 m）があり，立地から見ると下池山古墳が波多子塚古墳に先行する可能性がある。このように考えると，萱生古墳群は前方後円墳（中山大塚古墳）と前方後方墳（下池山古墳）によってほぼ同時に始まり，その関係は西殿塚古墳，波多子塚古墳と次代にも継続したのだろうか。

地域の前方後円墳に先行するらしい前方後方墳は，滋賀県大津市皇子山古墳，京都府向日市元稲荷古墳，大阪府高槻市弁天山Ｄ２号墳，同・富田林市板持３号墳，神戸市処女塚古墳などがある。さらに西方では，愛媛県今治市雉之尾古墳は庄内系の飾壺をもつし，著名な備前車塚古墳，島根県三刀屋町松本１号墳，福岡県夜須町焼ノ峠古墳などがある。

前方後円墳と前方後方墳の大きさをくらべると圧倒的に前者が巨大であり，４・５世紀には前方後円墳が主で，前方後方墳が従であることは，従来指摘されている通りであろう。

他方，前方後方墳の大きさを比較すると，全長100 mをこえる前方後方墳は大和に集中していることがわかる。しかし，東海には全長81 mの二子古墳や103 mの浅間神社古墳があって，注目すべき地域である[6]。４世紀以降，前方後方墳被葬者が特定の職掌を分担していたとしても，その中枢は大和であり，東海と吉備が一定の役割を荷ったのであろうか[7]。

B．C．３世紀からA．D．２世紀の日本列島は，方形墓が主流であった。１世紀に円形墓が広がりはじめ，３世紀には円形墓が主流になった。３世紀の転換は，２世紀以来の突出部をもつ大型円形墓が前方後円墳として展開したことによる。数百年続いた方形墓から円形墓への変革には，円形墓

地帯である朝鮮半島南部か中国江南からの天円思想の導入が考えられる[8]。そして円形墓は，４・５世紀には前方後円墳として大王家を筆頭とする倭の墓制の中核を占めた。

他方，方形墓は低塚として６世紀まで継続するとともに，３世紀にすでに前方後方墳として列島各地の首長墓の位置を占めた。当初は，前方後円墳と拮抗する動きを見せたが，３世紀末から４世紀前半にかけて，前方後円墳被葬者の動きを補完する立場となった。

５世紀の大型円墳と大型方墳の普及は，奈良県五条市の宇智古墳群のように，前方後円墳の勢力を凌駕する場合もあった。そして６世紀になると，前方後円墳自体も小型化し，政治的記念物としての古墳から墓へと変質し，古墳時代は終熄する。

註
1) 樋口隆康「弥生文化に影響を与えた呉越文化」『最新日本文化起源論』学習研究社，1990
   菅谷文則「日本の首長層が目指した墓制・土墩墓」同上
2) 石野博信『古代近畿と東西交流』209頁，学生社，1991
3) 都出比呂志「墳丘の型式」『古墳時代の研究』7，雄山閣出版，1992
4) 近藤義郎編『前方後円墳集成』中国・四国編，山川出版社，1991
5) 赤塚次郎「東海系のトレース」古代文化，44―6，1992。図４は本論文から作成
6) 茂木雅博『前方後方墳』雄山閣出版，1974
7) 前方後方墳の古い例が尾張で増加しつつある。これを重視すれば，前方後方墳は尾張で生まれ古墳早期（庄内式期）の大和中枢部（天理市・桜井市北部）に移住した尾張の人々によって萱生古墳群の中に初期の前方後円墳である中山大塚古墳などと同等の大きさの前方後方墳が築造された，と考えることもできる。現状では明らかでない。
8) 石野博信「４・５世紀の祭祀形態と王権の伸張」ヒストリア，75，1977（のち『古墳文化出現期の研究』学生社，567頁に再録）

特集 ● 古墳の形の謎を解く

古墳の形

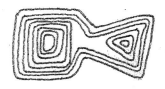

種々ある古墳の形は一体何を意味しているだろうか。一つ一つの形態を検討し，その特徴と内在する意義について考えてみよう

前方後円墳／帆立貝式古墳／前方後方墳／円墳／方墳／上円下方墳／八角形墳

前方後円墳

橿原考古学研究所
■ 宮川　徙
（みやかわ・すすむ）

前方後円墳は前，中，後期と段階ごとに築造企画が転換する画期がみられ，その成立と古墳祭祀の根源に迫る重要な意義を内在している

　多様な墳丘形態を示す前方後円墳を，築造企画論の視点から分類した場合，前方部の長さが後円部直径の2分の1以上ある定形的なタイプと，2分の1および，それ以下の前方部の短小な，いわゆる帆立貝形古墳の類型に大別される。帆立貝形古墳については別項で取り上げられているので，ここでは，前方部長が後円部直径の2分の1以上の築造企画を示す前方後円墳について論を進めたい。

1　定形的前方後円墳の類型と多様性

　前方後円墳を築造企画面から分類すると，後円部直径を8等分した1単位（これを「区」とする）を基準として，前方部の長さが，5区，6区，7区，8区の比率で後円部直径8区に付随するように設計・企画されていて，これらの類型が定形的な前方後円墳である。
　前方後円墳の多様な墳丘形態はここからくるが，いわゆる巨大古墳はすべてこのタイプに含まれ，4区以下のタイプには巨大古墳はみられない[1]。
　このように，前方部の長さが厳密に規定されているのは，単に墳丘造営の技法や工法の差異を意味するのではなく，被葬者の系譜や出自（もちろん擬制的なものも含め）を，前方後円墳の墳丘形態に表徴させ，それぞれ独自の墳丘祭祀を主宰するという，前方後円墳成立と古墳祭祀の根源に迫る重要な意義が，築造企画に内在しているからと考えられる。
　前方部の長さが厳密な築造企画のもとに築成されているのに対して，前方部の幅は築造時期によって広がる傾向を示し，墳丘平面の基準線の中では，形式的な変動要素を築造企画に反映する唯一の箇所で，それとともに，前方部も高さを増し，後期に入ると後円部よりも比高の高い前方部が出現する。これは，前方部での墳丘祭祀の変化に対応する築造企画の編年的動向としてとらえることができるが，固定した築造企画の様式化を継承したり，擬古的に6世紀代の前方後円墳が，5世紀代の前方後円墳の築造企画を踏襲するといった類例もあるので，単純には普遍的な編年基準として適用できない。
　また，それぞれのタイプによって独自の前方後円墳の正面観を築造企画に表わすなど，一元的に律しられない多様性をもっている。
　さらに，巨大古墳が5区型から8区型に限定され，4区型以下の古墳には，大きさでも一定の限度内に止どまる制約がみられることは，一定の身

19

分制度的な階層秩序を，墳丘に具現化させる目的が存在していた可能性を示している。

2 前方後円墳の定形化と画期

前方後円墳は，前期，中期，後期へと移行する段階ごとに，築造企画が転換する画期がみられ，それぞれの時期を表徴する定形化としてとらえられるので，概観してみよう。

墳丘墓から前期前方後円墳へ転換する画期が，いつどの地域から始まり，具体的にどの古墳にみられるかを現在の資料から確定するのは困難であるが，大和古墳群の中山大塚古墳は初源的な古墳ではないにしても，段築のない墳丘，完全に正円ではない後円部，バチ型に開いた前方部側面，緩く弧を描くとみられる前方部前端線，後円部墳丘頂にある方形壇状の遺構，後円部後方に接続する逆台形の後方部的な付帯部分，表面採集ではあるが特殊器台片など，定形化する直前の前方後円墳とみられる要素が多い。

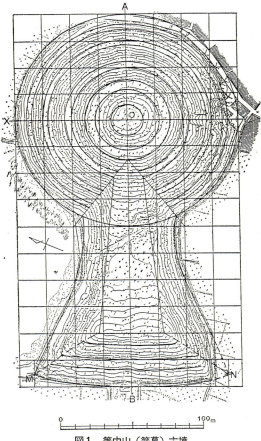

図1　箸中山（箸墓）古墳
前方部側面はバチ形，前方部前端線は緩い円弧を描いている。

さらに，箸中山（箸墓）古墳は，前期前方後円墳が定形化する経緯を考える上で，重要な指標になる古墳である。「陵墓地形図」によると，後円部は明確な4段築成の墳丘の上に，最上段に大円丘が載る造営をとり，前方部正面は最近の墳丘外形調査によって，4段築成であることが確認されたが，後円部ほど明確な段築の築成ではないらしい。前方部側面はバチ型をしていて，段築は認められず後円部の段築とは接続しないという[2]。前方部前端線を一直線とみる考え方もあるが，緩く弧を描いている可能性がある。

これは，形式的に整った築造企画を示す後円部に対して前方部は形式的に未発達のまま後円部に付随させ，造営した軌跡を残しているようで，前方後円墳は最初から後円部と前方部が，一元的な築造企画のもとに出現してきたものではないことを示唆している。しかし，前方部の長さや幅は後円部直径に対して明確に「区」を単位にして築造されていて，定形的前方後円墳の築造企画の原則が定着してきていることがみられる。

大和の主要な前期前方後円墳は，初期には山麓の傾斜地や尾根筋に墳丘を築造しているために，墳丘の側面に付帯部分を付随させ，前方部側面が緩く湾曲する西殿塚古墳など，前方部の定形化には達していない。次の段階には，段差のある周堀を巡らせるようになり，前方部側面に張出し部分を設定する渋谷向山古墳や，引き続き墳丘側面に付帯部を付随させている五社神古墳，石塚古墳など，墳丘基底は整った「鍵穴型」にならないが，前方部前端線や側面は一直線になる。墳丘の高さについても，築造の基準となる地表面から「1区」で企画されるのが原則となる。

後円部は傾斜地に築造されていても，一貫して正円になるよう築造企画の原則が貫徹されている。大和以外では，山頂に築造された福井県六呂瀬山古墳や，長野県森将軍塚古墳などが，規模の大きい墳丘を築成しながら，山地形に左右されて後円部が正円にならず，不整形に築造しているのに対して，大和の前方後円墳が後円部を厳密に正円として築造しようとする背景は，大王とその類族が地域の王に対して隔絶的な存在であることを，墳丘形態に反映させようとした強い意図の表われとみることもできよう。

その他，大和古墳群には，前方部の長さが後円部直径より長い長大な前方部をもつ東殿塚古墳な

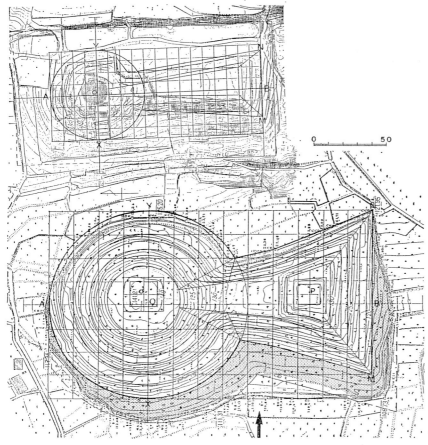

図2 東殿塚古墳（上）と西殿塚古墳（下）
後円部直径より長大な前方部をもつ東殿塚古墳と，墳丘右側面から前方部にかけ「付帯部分」（網目）をめぐらせる西殿塚古墳。矢印は正面観の方向。

ど，古墳文化の中心的な位置にあると考えられている大和でさえも，定形化は一様に進行するのではなく，局所的には定形化以前の段階に止どまる地域も存在する[3]。

中期では，大阪府津堂城山古墳が同一平面で完周する周堀を巡らせ，墳丘基底部を鍵穴型に画するようになる中期的定形化の標識的な古墳で，大和では巣山古墳がそれに対応する古墳とされるが，宝来山古墳もそうした視点から再検討されるべきであろう[4]。

同一平面で完周する周堀をもつ前方後円墳の築造企画の定形化は，河内，和泉，大和を中心に著しい発展をみせるが，これは，池溝を掘削して行なう灌漑技術の進展と密接な関係があると考えられ，また，水利の管理を広域的に行なうことが可能になった政治的なまとまりを反映しているとみられる。

造山古墳や作山古墳は，畿内の巨大古墳に匹敵する築造企画をもっているが，墳丘は尾根筋や自然丘陵を整形して造営し，墳丘の周囲には完周する周堀はもっていない。これは，単に造山，作山古墳の築造企画や造営の技法が，前期的な様相を残しているという古墳造営技術面だけの問題ではなく，大王政権の支配領域よりも，水田稲作農耕の農業技術や広域的な政治的統一性の面で，後進的な段階にあったことを示唆しているとみられる。

後期の段階になると，一般に平面の企画性が縮小するとともに，前，中期では3段築成で築造されていた墳丘の高さの築造企画が，2段築成に変化し墳丘の比高差が高くなり，墳丘基底からみると，墳丘高さが「2区」になる比高の高い墳丘が造営されるようになる。これは，横穴式石室の採用により，古墳祭祀の主要舞台が，墳丘上より横穴式石室内や墳丘外の施設へ移りつつあったことを示している。初期の横穴式石室は墳丘の高い位置に築かれ，2段築成のテラス面に開口するが[5]，時期が下るにつれて横穴式石室の開口部は，墳丘基底部に近づく。

6世紀前半の畿内の大王墳や準大王墳に，前方部前端線が一直線にならず，剣先形をした「剣菱型」前方部をもつ古墳が出現する。

中期には巨大古墳や大形前方後円墳が輩出したが，後期では墳丘規模が縮小する一方，群を抜く巨大古墳は，大阪府今城塚古墳，河内大塚山古墳，奈良県見瀬丸山古墳などに限定される。これは，古墳造営の規模で表徴される身分秩序が，中期段階よりも一層集約化され，再編成されてきたことを示唆している。

21

3 前方後円墳の特殊な類型

前期，中期，後期の画期をなす定形化について概観してきたが，前方後円墳の類型の中でも，特殊な形態を示すものを取り上げてみよう。

(1) 左右非対称型

前方後円墳は左右対称図形という先入観でみられているため，後円部中心点を通る中軸線は前方部前端線を2等分する位置で設定すると，中軸線と前方部前端線は直交せず，どちらかに斜向するケースが多い。これに対して中軸線（本稿付図でのA—B）と前方部前端線（同M—N）は厳密に直交している，という築造企画の原則で検討を加えると，中軸線A—Bと直交し分断される前方部前端線M—Nは，かならずしも2等分されるとは限らず，むしろ，完全な左右対称の前方後円墳は限定されてくる。

西殿塚古墳のように，山麓の傾斜面に主軸線を直交させて長大な墳丘を築造するため，前方部は非対称にならざるを得ないのが本来の始まりかもしれない。しかし，地形的に十分左右対称に地割される条件がありながら，非対称に築造されている例は枚挙にいとまがない。そうした類例とその様式的な展開を，百舌鳥古墳群でみてみよう。

石津丘古墳は6区型の前方部をもち，前方部幅は9区であるが，墳丘左の前方部隅角はいわゆる「片直角型古墳」で，右の前方部隅角が1区突出する。

次の時期の大山古墳は墳丘は左右対称であるが，周堀は台地が傾斜変換線に向かう墳丘右側（西側）で，微妙に外堤，二重堀などの幅を東側より狭め，後円部側の陪塚の位置も非対称に設定している。

さらに，百舌鳥古墳群では最後の巨大古墳である百舌鳥ニサンザイ古墳は，墳丘は左右対称で，全域が後円部直径の3倍の大きさの正方形区画内に収まる対称プランを示すが，陪塚とされる古墳の位置が非対称になるほか，憶測を交じえて言えば，埋葬儀礼の始まるまで意図的に未完成の箇所を残すなどして，非対称部分（または未完成部分として）を設定したかもしれない。このように，百舌鳥古墳群の巨大古墳では，非対称の築造企画が，墳丘から周辺部に移行するという様式化をたどるようである。

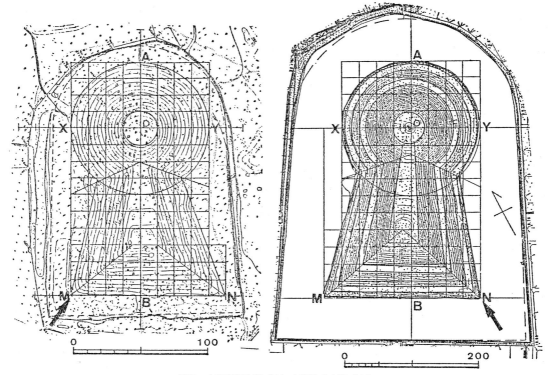

図3 女狭穂塚古墳（左）と石津丘古墳（右）
基本的に同一の築造企画を裏返している類例。石津丘古墳を2分の1にし，同大にして比較している。矢印は「片直角」前方部隅角部を示す。

この他，非対称の墳丘平面の設計・企画を，裏返して築造している類例がある。石津丘古墳→女狭穂塚古墳，コナベ古墳型→久津川車塚古墳，仲ッ山古墳→墓山古墳などでは，規模の大きい古墳から小さい古墳へ移行したととらえられるので，系譜の擬制的同一化とともに，従属性を表徴したものであろう[6]。

非対称に墳丘を築造する本来の意義は，古墳の造営が「寿陵」であるとすれば，その明器的な性格から，意図的に完全さを欠いて造営するという思想を，築造企画に反映させているのではないかと考えられる。

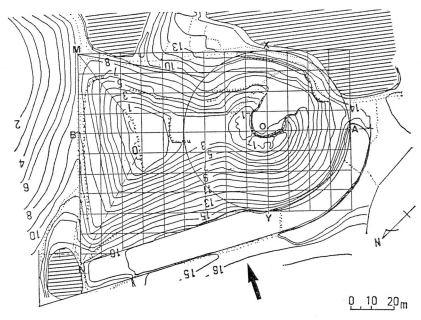

図4 別所大塚古墳 （極端に様式化した「片直角型古墳」）
矢印は正面観の方向を示す。（「別所大塚古墳実測図」『改訂 天理市史』下巻に加筆）

左右非対称の墳丘の築造企画が固定し，様式化して伝承される「コナベ古墳型」をベースにした類例の中には，高屋築山古墳や別所大塚古墳のように，墳丘右側を「片直角型」にし，左側の前方部幅を極端に広げて，非対称型墳丘を誇張し様式化したものもある。

2） 剣菱型前方部

畿内の古墳では今城塚古墳がもっとも古い段階の類例とみられるが，鳥屋ミサンザイ古墳も左右非対称の剣菱型である。

しかし，この剣菱型前方後円墳は，畿内を始源とするのではなく，現在の資料では，作山古墳が前方部前端線の右側が斜向する片剣菱型で，また，栃木県塚山古墳もその可能性があり[7]，5世紀代に畿内以外の地域から始まる様相をみせ，6世紀に入ると栃木県摩利支天塚古墳や，福岡県寺山古墳など，剣菱型や片剣菱型の類例が各地でも発見されてきている。

今城塚古墳が「継体大王」の古墳であり，「継体王朝」による大王政権の交替があったとすれば，それまでの大王系譜とは異なる系譜性を，墳丘形態に表徴させる意図のもとに，剣菱型前方後円墳を造営しようとしたとみることもできる。

今城塚古墳以降，後期の巨大古墳として造営された河内大塚山古墳は，墳丘は左右対称の剣菱型

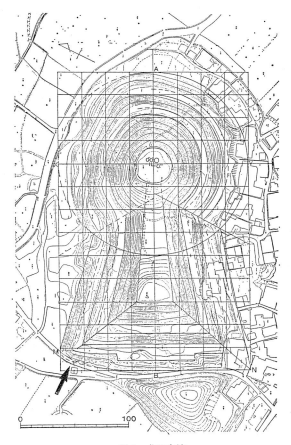

図5 作山古墳
矢印が「片剣菱型」の前方部隅角部を示す。

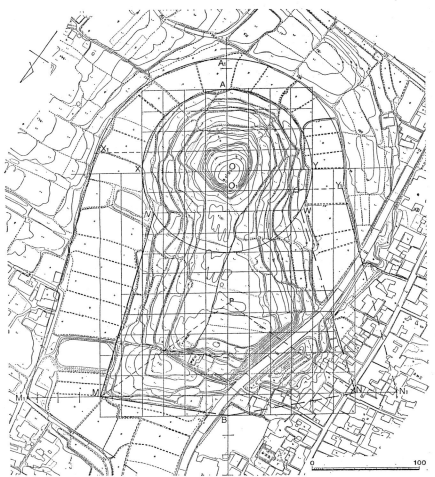

図6 見瀬丸山古墳
墳丘長（A−B）は後円部直径（X−Y）の2倍の8区型，前方部幅（M−N）は12区。前方部隅角M，Nは前方部前端線Bより1区後退した左右対称の「剣菱型前方部」。前方部頂平坦面も広大な「剣菱型」に推定復原できる。
周堀は墳丘左側が鍵穴型，右側は盾形の左右非対称。周堀の前方部右側は，M₁から斜向する。左側は見瀬の集落のために不明。

前方後円墳で，見瀬丸山古墳も同様の推定復原が考えられる。両古墳とも前方部上面は広大な平坦面をなしていて，後期前方後円墳では廃れていた墳丘上での古墳祭祀が，「復古的」に行なわれた可能性を示唆している。ことに，見瀬丸山古墳では，後円部4段築成，前方部3段築成とみられ，墳丘高さの築造企画からは，前期的な古様な墳丘造営を意図しているようである。墳丘は左右対称に推定復原されるが，周堀は左右非対称で前方部正面では剣先形になる可能性がある。

また本古墳で注意しなければならないのは，主軸線の前方部正面方向を畝傍山山頂に向けて設定するという墳丘の選地をなしていて，被葬者論争にもかかわる重要な築造企画性を示していることが指摘される。

畿内で造営された最後の前方後円墳見瀬丸山古墳は，その巨大な墳丘上で復古的な首長権継承儀礼と古墳祭祀を行なった以後，自らも前方後円墳の造営を廃絶するとともに，他にも造営をなさしめない，という決意を示すことで，大王制から古代天皇制に転換していく画期と隔絶性を確立するための舞台装置の役割を果たしたと考えられる。

註
1) 石部正志・田中英夫・堀田啓一・宮川 徙「畿内大形前方後円墳の築造企画について」古代学研究，89，1978，同「帆立貝形古墳の築造企画」考古学研究，106，1980
2) 笠野 毅・土生田純之「大市墓の墳丘調査」書陵部紀要，40，1989
3) 石部・田中・堀田・宮川「大和の若干の前方後円墳の築造企画」『考古学論攷』第8冊，橿原考古学研究所紀要，1982
4) 大和古中近研究会『大和・河内・和泉・摂津の古墳編年』発表要旨，1992
5) 石部・田中・堀田・宮川「市尾墓山古墳築造企画の検討」『市尾墓山古墳』高取町文化財調査報告書第5冊，1984
6) 宮川 徙「前方後円墳築造企画と技法の伝承性」『橿原考古学研究所論集 第八』吉川弘文館，1988
7) 石部・田中・堀田・宮川「造山・作山および両宮山古墳の築造企画の検討」考古学研究，151，1991

帆立貝式古墳

橿原考古学研究所
■ 木 下 亘
（きのした・わたる）

帆立貝式古墳は造出し付円墳との峻別が問題となるが，前方後
円築造の規制からその墳形と埴輪について検討する見解がある

　帆立貝式古墳は，前方後円墳の前方部が極端に
短小で，その平面形態が帆立貝を連想させる所か
らつけられた名称である。
　この帆立貝式古墳は，遊佐和敏氏によると北は
山形県から南は鹿児島県に至るまで広範に分布し
ており，1988年までに確認された総数は，合計551
基に及んでいる。この集計によれば最も多く分布
しているのは広島県の63基で，最少は東京，神奈
川，島根，山口，香川，高知，鹿児島の各都県で
1基ずつとなっている[1]。また10基以上存在する
県は13府県あるが，大きく関東地方と近畿地方に
かたよりが見られる。これらの数値は，今後多少
の変動はあるものと思われるが，極端に大きな移
動はないものと思われる。
　さて，帆立貝式古墳を扱う際に，常に問題とな
る点の1つに，造出し付円墳との峻別をどこで行
なうかという墳丘形態の認識が挙げられよう。こ
の点に関しては未だ一致した見解が得られている
とは言い難い状況である。
　墳丘築造企画の面から検討を加えられた石部正
志氏らは「定形的な前方後円墳とされている畿内
の大形古墳の場合は，後円部直径を八等分する
方形区画をつくりその八分の一の区画を一単位
（『区』とよぶ）にとると，前方部の長さは五区型・
六区型・七区型・八区型の四つのタイプに整理分
類できる」とした[2]。そしてこの後円部径の八分
の一を1区とする設計企画から，前方部が1区か
ら4区までの長さのものについてを帆立貝式古墳
と呼んでいる。1区型の古墳として青塚古墳，2
区型として青山2号墳・乙女山古墳・赤堀茶臼山
古墳，3区型としてコウジ山古墳・女良塚古墳・
番上山古墳・定の山古墳・大園古墳・馬塚古墳と，
4区型のものとして昆沙門塚古墳・塩塚古墳・オ
セ山古墳をそれぞれ事例として挙げられた。

1　帆立貝式古墳の実例

　ここでは，近年，帆立貝式古墳に対する発掘調
査が進展した奈良県馬見古墳群を，その具体的事

例として取り挙げてみたいと思う。当古墳群は，
帆立貝式古墳の典型とされる乙女山古墳が含まれ
ることで良く知られている。
　馬見古墳群は，奈良盆地の西側に広がる東西約
3km，南北約7km，標高約70～80mの低丘陵に
立地する古墳群である。当古墳群は，主にこの丘
陵東斜面に広く分布し，全長200mほどの大型前
方後円墳を中核に，前方後円墳，前方後方墳，円
墳，方墳などが展開するまとまりをもった古墳群
である。またその分布域から，通常，川合大塚山
古墳を中心とする丘陵東北麓の一群，巣山古墳・
新木山古墳を核とする丘陵中央東側斜面の一群，
築山古墳を中核とする丘陵南部の一群という大き
く三群に分け得ることが従来より指摘されてい
る。
　さて，奈良県下では，遊佐氏の集計によれば，
26基の帆立貝式古墳が認められているが，この内
8基が，この馬見古墳群に集中している。とりわ
け，中央の一群は，古墳の集中化が著しく，帆立
貝式古墳6基がこの群に集中している。いずれに
しても帆立貝式古墳を考える上で興味ある古墳群
と言えよう。
　では次に，近年，墳丘などの発掘調査が進んだ
古墳について，その調査所見の概要を記しておこ
う。

（1）　乙女山古墳（北葛城郡河合町）[3]

　馬見古墳群中央群に属し，巣山古墳の北方に位
置している。かねてより，帆立貝式古墳の典型と
して，またその中でも最大のものとして知られて
来た。1986年～1987年にかけて，墳丘の範囲確認
調査が行なわれた。この結果，乙女山古墳は，全
長約130m，後円部径104m，同高14.7m，前方部
長約30m，同前端幅52m，同高3.5mであること
がわかった。またそれとともに後円部南側に，長
さ約11m，幅約23mの造り出しが付設されている
ことが確認された。周囲には，幅31mほどの堤を
巡らせている。
　後円部は三段築成で，1段目・2段目は比較的

25

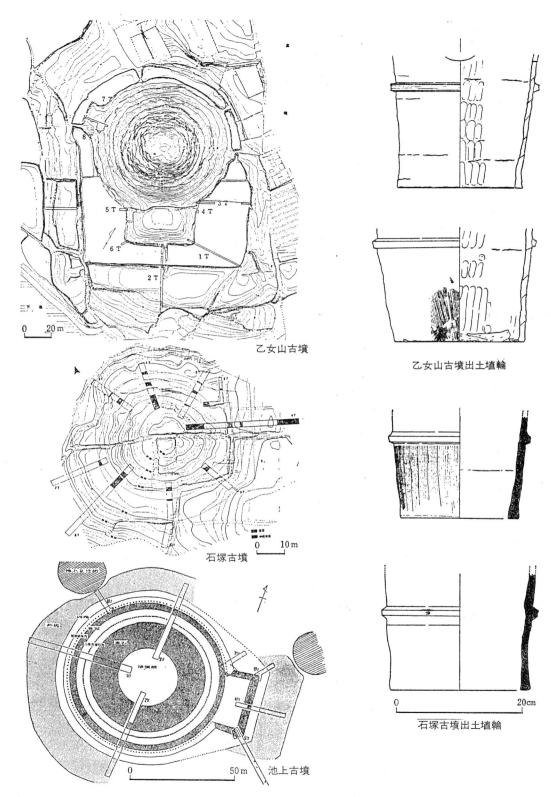

図1 馬見古墳群の帆立貝式古墳と出土埴輪（各報告書による）

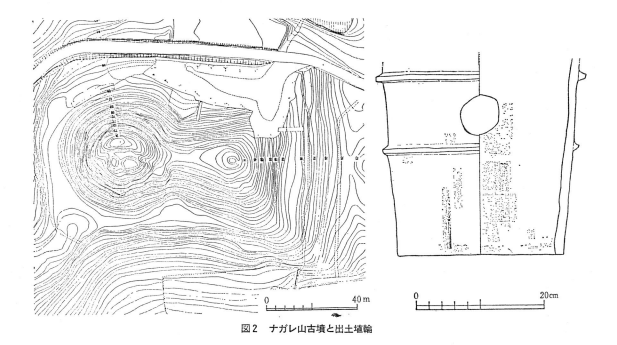

図2 ナガレ山古墳と出土埴輪

緩やかな斜面をなしているが、3段目は急激に立ちあがっている。また1段目テラスは、前方部平坦面と一致している。前方部の1段目斜面は、後円部に比べて非常に幅が広く、緩やかな傾斜面を形成している。

造り出し部の調査では、葺石および円筒埴輪列などが良好な状態で遺存していた。埴輪列は溝状の掘り方内に密に立て並べられており、1段目テラス部分で22本、造り出し前面で3本が検出されている。これら円筒埴輪は、低径が20cm前後で、古墳の規模に比べて非常に小振りな点が注意されている。またこれら埴輪列の前面には、家形埴輪2棟、楕円筒形埴輪2基が、主軸を一にして配置されており、一群を構成していた。円筒埴輪内より、置かれた状態で土師器小型丸底壺が7つ出土した。同時に、これら丸底壺の落し蓋として使用されたと考えられる土製円板も検出されている。さらにバラス敷面からは、棒状土製品や籠目土器、高杯などが出土している。これらの所見から、造り出しが祭祀の場として機能していたものと考えられる。同様の事例としては、前方後円墳では、巣山古墳造り出しから籠形土器や滑石製刀子が採集されている。また時期が下降する例では、ウワナベ古墳造り出しより須恵器に混じって籠目土器が採集されており、機能の共通性を窺うことができる。

乙女山古墳は、その出土埴輪がⅢ期の範疇に含まれ、5世紀前半に位置付けることができよう。

(2) 石塚古墳（北葛城郡広陵町）4)

石塚古墳は、馬見古墳群中央群に属し、新木山古墳の西側に隣接して営まれた東面する帆立貝式古墳である。1988年、墳丘の範囲確認調査が実施され、その規模などが明らかとなった。調査結果によると、本墳は西北にのびる小支丘を利用して築かれており、全長45m、後円部径40m、後円部高6.5m、前方部長7m、前方部幅22.5m、前方部高3mと計測された。周濠は、地山を削り出してつくられ、濠底で幅約3m、深さ1mほどであった。堤は、後円部で8m、前方部で5mほどと考えられている。周濠部、墳丘部には葺石が施され、施土単位などが観察されている。円筒埴輪は第1段テラスに密に樹立されていた。この埴輪の諸特徴から5世紀末～6世紀初頭の築造と考えられた。

(3) 池上古墳（北葛城郡広陵町）5)

当墳も中央群に含まれるもので、前述の乙女山古墳の北側に位置する東向きの帆立貝式古墳である。乙女山古墳とともに、従来より帆立貝式古墳の代表例として取り上げられてきた。1991年に行なわれた発掘調査により、全長92m、後円部径80.6m、前方部長11.4m、前方部幅32mの規模を有することが明らかとなった。墳丘のまわりに

は，濠と堤をめぐらせている。堤は，墳丘外周を扇形に一周し，その幅は広い個所で15mにも及ぶものである。斜面には葺石を施し，墳丘裾および2段目テラスには直径20cmほどの円筒埴輪が立て並べられていた。この埴輪の特徴から観て，当墳の時期は乙女山古墳とほぼ同時期の5世紀前半頃と考えられている。

馬見古墳群では，取り挙げた3古墳以外にも狐塚古墳[6]，三吉2号墳[6]，於古墳[7]，城山1号墳[7]などの帆立貝式古墳の存在が知られている。築造時期からみると，狐塚古墳，三吉2号墳などが前期末葉に位置付けられ，最も古いグループである。逆に新しく位置付けられる古墳としては，於古墳が6世紀前半に考えられている。

2 おわりに

以上，馬見古墳群に含まれる帆立貝式古墳に限って，近年の発掘成果を簡単に触れてきた。

帆立貝式古墳に対し学史的にも重要な見解として，小野山節氏の研究があげられる[8]。氏は，帆立貝式古墳の成立に関し，その出現を政治的な流れの中で捉えようとした。すなわち「五世紀前半のある時期に，前方後円墳の築造が河内王朝からの規制によって帆立貝式古墳か円墳，あるいは方墳という墳形を採用するように制約をうけた」とした。そして河内王朝の規制力が弱まる5世紀中葉には，再び前方後円墳が築かれるものの，「五世紀後半のある時期にふたたび前方後円墳の造営が規制をうけて，この時期にも帆立貝式古墳などがつくられた」という説明を行なった。

この見解に対し都出比呂志氏は，当該期の前方後円墳築造が，一律に規制されたわけではない点を指摘している。つまり前方後円墳が規制されるとされた5世紀前半・後半ともに前方後円墳の築造は継続しており，中断することはない点を指摘する[9]。

この点から馬見古墳群をみると，乙女山古墳，池上古墳が造営された5世紀前半代には，ナガレ山古墳などいくつかの前方後円墳が築かれており一律な規制がなされたのではないことがわかる。

この規制の問題を，墳形ではなく，墳丘に樹立された埴輪から検討を加えたのは坂靖氏である[10]。氏は，馬見古墳群内の前方後円墳，帆立貝式古墳，円墳などの円筒埴輪の規格に着目した。乙女山古墳に立て並べられた円筒埴輪は，その墳丘

長が130mという規模を有しながらも，底径20m前後，第1段タガまでの高さが15cm程度の小振りなものである。それに対し，当墳とほぼ同時期で，墳丘長もほぼ等しいナガレ山古墳においては，円筒埴輪の平均的な底径は27.9cmほどを有している。また大型のものでは40cmを越すものまで含まれる点を指摘した。これらの状況からみて，帆立貝式古墳に樹立される埴輪は，前方後円墳のそれよりも小型品である所から，埴輪にも規制が加えられ小型化されたと説いた。

今回，帆立貝式古墳を取り上げるに際し，奈良県馬見古墳群をその一例として取りあげた。

当古墳群は，帆立貝式古墳が比較的多く含まれ，また古墳群としても遺物などある程度内容の判明する古墳が多かったからである。

馬見古墳群は，大きく3群に分けることができたが，それぞれの群に帆立貝式古墳を含んでいる。またそれと同時に前方後円墳，円墳，方墳などが造営されている状況が認められている。このことは，被葬者間の階層性を端的に示すものとして理解されている。

帆立貝式古墳については，その極端に短かい前方部が，一般に低平である所などから造り出し付円墳として理解しようとする研究者もおり，その位置付けも自ずと異なったものとなっていた。

今後は，同時期の前方後円墳の遺物との比較や他の墳形を採用した古墳の動向を探ることにより帆立貝式古墳が，何故そのような墳形をとったのかを考察することができるようになろう。

註

1) 遊佐和敏『帆立貝式古墳』同成社，1988
2) 石部正志・田中英夫・宮川 徙・堀田啓一「帆立貝形古墳の築造企画」考古学研究，27－2，1980
3) 「史跡 乙女山古墳範囲確認調査報告」『河合町文化財調査報告』第2集，河合町教育委員会，1988
4) 「石塚古墳範囲確認調査概報」『広陵町埋蔵文化財調査概報1』広陵町教育委員会，1988
5) 『池上古墳発掘調査概要』奈良県立橿原考古学研究所，1991
6) 「佐味田狐塚古墳」『奈良県文化財調査報告書第29集』奈良県立橿原考古学研究所，1977
7) 「馬見丘陵における古墳の調査」『奈良県史跡名勝天然記念物調査報告 第29冊』奈良県教育委員会，1974
8) 小野山節「五世紀における古墳の規制」考古学研究，16－3，1970
9) 都出比呂志「墳丘の型式」『古墳時代の研究 7』雄山閣出版，1992
10) 坂 靖「埴輪の規格性」『考古学と技術』1988

前方後方墳

愛知県埋蔵文化財センター
■ 赤 塚 次 郎
（あかつか・じろう）

前方後方墳は前方後円墳との関連で考える必要があるが，とくに東海型
の墓制が前方後円墳の列島的定着に先駆けて存在したことは重要である

　前方後方墳は前方後円墳に対しどのような意味
をもつものなのか，という問い掛けに対してわれ
われはまだ明確なる回答を導きだしているとはい
えないように思われる。それは前方後方墳そのも
のが，常に前方後円墳を取り巻く環境の中で処理
されようとしている限り，問題の進展は遅々とし
て進まないであろう。むしろこうした傾向そのも
のが問題にされねばならないのではあるまいか。
つまり前方後方墳の範疇には，前方後円墳により
描かれようとしている社会・政治的内容とは異な
る原理が潜んでいると信じるからである。またそ
うした事実がわずかではあるが散見できるように
なってきた。そしてあるいはこうした視点は，前
方後円墳をもまきこんで，古墳時代そのものへの
批判に進展する魔力をもちえているものかもしれ
ない。さてここでは「前方後方形」という形態を
中心にこだわり，その変遷について考えてみた
い。なお前方後方墳の研究史については，すでに
茂木論文において整理されている[1]。これらを概
観してもやはり前方後方墳の典型的な基本形は，
大型墳を中心にされていることは明白であろう。
規模分布における集中分布はあくまで35〜45mの
小規模墳であり，私は前方後方墳の典型的内容は
この小規模墳にこそあるという視点に立脚するも
のである。その意味では大型墳はむしろ例外的な
存在と解釈してよい。

1　前方後方形を志向する墳墓

　最初にここでは「前方後方型墳丘墓」および「前
方後方墳」の形状についてまとめて概観しておこ
う。まず前方後方型墳丘墓については，田中新史
による分類とその変遷が提示されており，ここで
もその成果に基づきたい[2]。「BⅠ〜Ⅳ式」は
B1・2・3式とB4式とに大きく2分でき，あ
らためて前者をB型墳，後者をC型墳とする。C
型は前方部長が後方部長の2分の1以上に達した
ものが多いのであり，むしろ前方後方墳との関係
で考えておく必要があろう。さてこうした前方後

方型墳丘墓はおおよそB3型において「畿内型」
と「東海型」に分離できる。B型墳丘墓畿内型は
久宝寺遺跡・加美遺跡を代表例として，前方部の
幅広・直線形状が特色的である。一方東海型は，
主墳である方形部から直接大きく八字状に開く前
方部をもつものであり，畿内型に比べむしろ普遍
的な形態といえる。ところでB型墳丘墓の出現に
ついては興味深い現象が認められる。まず中央部
に開口部をもつだけのB1型は明らかに弥生後期
には畿内・伊勢湾沿岸部に散見できる。そして前
方部が意識され始めるB2・3型の定着はどうや
ら庄内様式登場まで待たねばならないようであ
る。現状においてB3型としてもっとも遡ること
ができる資料を捜すと，まず畿内型として久宝寺
遺跡南地区南群1号墓があり，東海型としては廻
間遺跡SZ01がある。両者ともそれぞれ庄内
式・廻間Ⅰ式初段階には造営されていた可能性が
推定されている。

　次に前方後方墳について見てみたい。形態のみ
を問題にすれば2つの要素を中心に考えておくこ
とができる。まず第1に前方部の形状で，先端部
幅と前方部長の関係において5類に分類できる。
Ⅰa・b・c類とⅡb・c類である。第2に後方部のか
たちに注目したい。主軸に対し長軸をおく長方形
のもの（L群・縦長）。ほぼ正方形のもの（S群・正
方）。主軸に対し直行する方向に長軸を置くもの
（W群・横長）。これらは主に時間的な変化を内包
したものであるが，一部には地域的な特色が見出
せる場合もみられる。例えばW群とした横長長方
形の前方後方墳は，東日本における日本海沿岸部
とその周辺地域に散見できる形態であるようだ。
例えば亀塚古墳・川田ソウ山1号墳（石川県）に典
型的にみられる。因みに能登地域は前方後方墳の
分布において注目したい地域であり，前方後方墳
の分布3大地域である濃尾平野・下野地域に並ん
でまとまりをみせる。今この形態をとくに「北陸
型」と仮称しておこう。能登地域から北陸道沿線

部にまとまりがある。さて墳丘墓の形態において畿内型とした特徴的なものが認められたのであるが，その延長に位置づけられると思われる事例がある。例えば弁天山D2号墳・板持3号墳（大阪府）に典型的に見られ，やはり正方形後方部で，直線的な前方部と幅広の形態を特色としており「畿内型」としておくことにしよう。さらに前方部がいわゆるバチ型・外彎する形態は備前車塚や権現山51号墳などで復原されている。しかしこうした特色的な形態は東海以東の前方後方墳にはほとんど認められないものであり，現状では小地域なまとまりでしかない。「瀬戸内型」とでもしておこう。

こうした地域的な特色ある形態を除く他のものは，ほぼ同様な形状と変遷をもつ群であると判断し，それを「東海型」と総称したい。

2　前方後方墳東海型

前方後方型であるB型墳丘墓は畿内型を除くとおおよそ同様な形状にまとまる。そして前方部が意識されはじめたB2・3型の前方部の拡張は廻間様式をもって開始されたようであり，その分布も廻間I式期に急速に伊勢湾沿岸部に普遍化することが判明している。現状において伊勢湾沿岸地域を除いてこの時期，広範囲にしかも普遍的に前方後方型墳丘墓が定着した地域は存在しないと理解してよい。そこでこれらの墳丘墓を「東海型」と呼ぶことがゆるされるであろう。北陸・関東以北に見られる前方後方型墳丘墓（東海型）はおおむね廻間様式が各地に広がる廻間II式期の第1次拡散期以降のものと考えてよいようである。また畿内から北九州にかけての東海型も同様であり，廻間I式期に遡る資料は管見によれば存在しない。

さて前方後方墳は規模を問題にすると大きく2分できた。それは規模分布が集中する35〜45mを中心にする一群とそれ以外の大きさを持つものである。その境界を一応45m付近に置くと，規模分布が集中する小規模のものが普遍的な形態をもつ前方後方墳と理解してよい。そしてその内の畿内型・北陸型を除くもの，すなわちL・S群とした正方形・縦長の後方部をもち，Ⅰa・b・c類とⅡb類は濃尾平野に存在し，かつその変遷が推定できる。また東海地域における前方後方墳の変遷における1段階にはS群Ⅰa・bは認められるが，L群Ⅰb・cは存在しない。つまりS群からL群へ，す

なわち後方部の正方形から縦長への変化は時間的な問題となり，おおむね廻間III式期（前方後方墳3段階）において顕在化するようである。またⅡ類とした形態の出現もこの段階と考えて大過ない。以上から前方後方墳東海型はS群かつⅠ類に所属するもの，すなわち正方形の後方部で，前方部幅が狭いものを基本形としてよいことになる。

3　2タイプの前方後方墳

以上の形態を中心とした分類をまとめ，総合しておきたい。まず前方後方型墳丘墓はB1型からB2・3型へは庄内式・廻間式段階で成立しており，その後は伊勢湾沿岸地域を中心に普遍的に定着する。ただしB3型では畿内型と東海型が顕在化しており，それぞれの変遷を考えておく必要があろう。とはいえ東日本を中心に広く定着する形態は東海型であり，それは廻間II式期以降に位置づけられる。

前方後方墳はまず東海型として，Ⅰa・b・c類とⅡ類に分類でき，さらに後方部が正方形から縦長への変化を基調にもつ。正方形Ⅰc類は遅くても弘法山古墳のように廻間II式後半期（纏向3式前）に成立しており，縦長・Ⅱ類への変化はおおむね布留式・廻間III式期と考えておきたい。一方畿内型はその墳丘墓の形態から，逸早く成立する可能性もあるが，現状では判然としない。なお類例の増加を待つ必要があり，今後河内・摂津における小規模墳の調査の進展に期待したい。北陸型はこれらにやや遅れるものの，その変遷において富山湾沿岸部が注目されよう。さらに遅れて瀬戸内型が成立するようである。ただこれは現状においてであり，岡山県地域に集中し始める前方後方墳の在り方によっては変更もありうるであろう。とはいえおおむね庄内式新段階に併行する時期を中心に登場すると考えておくことにしよう。

さてこうした変遷を概観すると，B型墳とした前方後方型墳丘墓と，その延長に位置づけられそうな小規模前方後方墳が，庄内式期にまず列島的に普遍的に存在することが推定できるようである。そしてその他，例えば規模分布において集中箇所から大きくズレる70m以上の大型墳や，瀬戸内型のような形態は，これらとはやや趣を異にするのであり，おおむね布留式期になり顕在化する形態といえよう。前者は木棺墓を主体に若干の副葬品を所有する場合が多く，後者は竪穴式石槨と

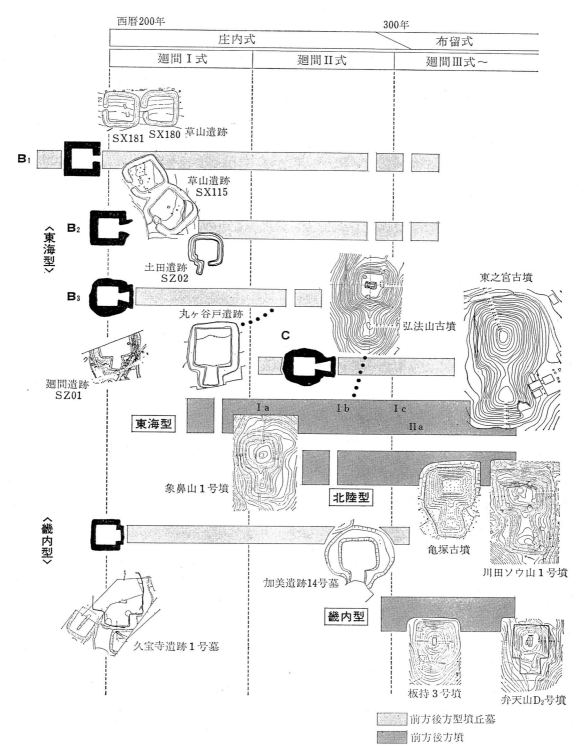

図1　前方後方形の変遷

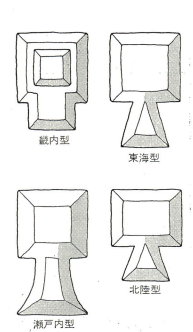

畿内型
東海型
北陸型
瀬戸内型

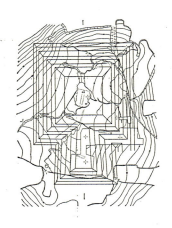

長法寺南原古墳
(京都府長岡京市,報告書より)

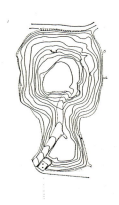

高御堂古墳
(愛知県春日井市,市史より)
1=200

図2 前方後方墳の分類

多様な副葬品に代表される内容をもつものが多い。また前者は東海型・北陸型とした系統のものが主体であり、後者は東海型を含めすべての系統を包括する。すなわち「地方色豊かな内容を墨守するもの」と、「前方後円墳との関係を志向するもの」、とに2分できるようである。さらにこうした2タイプは布留式古・中段階併行期においてさえも、東日本には広く普遍的に存在しているかに見える。すると、この二重構造とでもいえる造墓形態の崩壊は、ほぼ一斉に列島から前方後方墳が消失する布留式新段階までまたねばならないことになる。

4 東海系のトレース

前方後方型墳丘墓（東海型）の列島的な定着は、おおよそ廻間Ⅱ式期に始まる土器の拡散現象（第1次拡散期）と、呼応するものと考えてよいものであった。それには伊勢湾沿岸地域が東海型を生み出し普遍化させた地域であるという前提が必要ではあるが。いずれにせよこうした東海型の墓制が前方後円墳の列島的定着に先駆けて存在したという視点が重要である。つまり東海地域という地方文化が、ある時点（第1次拡散期）においてほぼ一方的に膨脹し、それぞれの地域において受容されていったという歴史（東海系のトレース）を想定したいのである。それは畿内の土器・文化が拡散す

る以前ということになる。この点はすでに別稿[3]にて言及しておいたので重複はさけるが、こうした一種の緊張状況の出現は伊勢湾地域からの難民の排出をもって実現でき、その後拡散した各地域との関係を想定する必要はなく、そこに東海地域との包摂的な関係は認められない。あくまで社会的な現象を強調するに留まる。したがって前方後方墳東海型に見られる多様性は、こうした曖昧性に起因しているものと考えられる。そしてその後に起こる前方後円墳との関係においてますます複雑な様相を各地で展開していくものと思われる。こうした墓制の定着手順を踏まえれば、前方後円墳体制の中で明確に位置づけられてくるものとは典型的な前方後方墳の系統ではなく、むしろ上記での後者のタイプといえよう。そして彼らは大和政権と各地方との関係に係わる部門で活躍した、またそうした素地を備えた人々であると理解したい。伊勢湾以東の東日本において、広範囲に定着した墓制の中では、前方後円墳はむしろ前方後方墳に比べ後発性の文化ということになる。

註
1) 茂木雅博『前方後方墳』雄山閣出版、1974
2) 田中新史「東国の古墳出現期とその前後」東アジアの古代文化、46、1986
3) 赤塚次郎「東海系のトレース」古代文化、44-6、1992

円　墳

橿原考古学研究所
■ 泉森　皎
（いずもり・こう）

古墳の形ではもっとも普遍的な円墳は全古墳数の95％前後を占
め，円丘墓からの発展，前方後円墳との関連などの問題がある

日本の古墳の墳形の中でもっとも普遍的なもの
は円墳と方墳であろう。中でも円墳は各時期を通
じて存在し，外観上に大きな変化が認められない
ところに特徴がある。しかし，小林行雄氏は『日
本考古学概説』で，「変化の少ない円墳において
も，前期・中期のものはその頂の平な部分が広
く，明かな截頭円錐形を呈するのに対し，後期の
ものは頂部が狭く，丸味を増していることが挙げ
られる。」として，墳丘内部の埋葬施設との関係
で，墳丘の変化を述べた。

円墳の初限についても小林行雄氏は，『図解考
古学辞典』「円墳」の項で，「盛土の形としては
もっとも自然なものであるから，各地方で各時代
に作られている。日本では弥生式時代に小規模な
円墳が出現し，古墳時代に大いに盛行して，大小
各様のものが作られた。しかし概して小型の古墳
が多く，大型のものも直径50mをこえる例はまれ
である」とした。小林行雄氏の説明によると，①
弥生時代の円形墳墓の影響，②古墳時代の各時期
に存在する，③小型古墳が中心で，大型古墳は少
ない。の3点に要約されよう。

いわゆる「魏志倭人伝」に「卑弥呼以て死す。
大いに冢をつくる。径百余歩，殉死する者，奴婢
百余人……」について，末永雅雄先生は，この冢
の解釈に，「径」の字の意味に，①ワタリ，②コ
ミチがあり，ワタリとすると「古来ワタリは円形
の直径に対する呼び方であり…中略…卑弥呼の墓
として，円形墳を想像させる。」としている。さら
に一歩は「現代日本人の一歩であれば65cm，…中
略…一歩を尺貫法の6尺あるいは6尺5寸とする
と2m程度となり大きな差が出る」（『古墳』p.18）
として，卑弥呼の墓について，円墳と理解された
上で，65〜75m前後の規模を推定された。

1　弥生時代の円丘墓

弥生時代の2種類の墓のうち，特定の墓壙の周
囲を溝で区画したり，盛土，あるいは周辺を削っ
て一部高くした墓を区画墓と呼び，さらにそれを
細分して方（円）形周溝墓，台状墓，墳丘墓など
と名付けている。この中でも円形周溝墓や円形墳
丘墓を総括して，「円形の墳丘をもつ墓」を「円
丘墓」としてまとめた労作に寺沢薫氏の「弥生時
代の円丘墓」がある。この論考によると，弥生時
代前期の福岡県吉武樋渡遺跡の円丘墓を事例にあ
げている。この墓は径24m弱，高さ2.5m以上で，
27基の甕棺と1基の木棺を埋葬していた。また吉
武高木遺跡を復元径28mの楕円形墳丘墓，佐賀県
吉野ヶ里遺跡の墳丘墓も40×26m，高さ2.5mの
楕円形墓と判断されている。岡山県百間川沢田遺
跡H・1区の2基の円形周溝墓も前期に築かれた
ものである。この墓は復元径6m，10mと北部九
州のものに比べると規模は小さい。

いずれにしても北部九州と吉備地方を初限とし
て，弥生時代中期後半には山陰の一部を除き瀬戸
内海東縁から東海にまで及んだことが論述されて
いる。しかし弥生時代の全時期を通じて北部九州
の円丘墓のみが優越するのではなく，弥生末〜古
墳発生期にかけては，中・東部瀬戸内地方に20m
級の円丘墓が出現することに注目している。

1990年度，古代学研究会サマーセミナーで「シ
ンポジウム円墳」が行なわれた。このシンポジウ
ムにあわせて，「特集・各地域の円墳」（『古代学研
究』123号，1990）がまとめられ，シンポジウムの
成果についても，『古代学研究』124号に「シンポ
ジウム　円墳」としてまとめられている。この2
冊の成果を借用して，2〜3の問題について検討
したい。

2　円丘墓と円墳

北九州地方の弥生墳墓にみられた円丘墓が円墳
への発展をたどったかの問題がある。この地域で
はバチ形前方部を持つ御道具山古墳，津古1号墳
など発生期の前方後円墳が出現しており，また豊
前石塚山古墳などの大型前方後円墳も直後に現わ
れる。これに続く円墳には，田川市辻古墳や，穂
波町の忠隈古墳，大牟田市の潜塚古墳などがあげ

られるが，弥生時代の円丘墓から直接系譜をひく
とは言いにくい状況である。

　吉野ヶ里墳丘墓のある佐賀県でも，4世紀後葉
から5世紀前半に位置づけられる三養基郡中原町
の雄塚，雌塚古墳を初限として他は中期〜後期古
墳である。

　岡山県総社市新本立坂の弥生時代の円丘墓の存
在する吉備地方でも，古墳時代前期の大型円墳の
存在は確認されていない。岡山市西部の高松地域
や岡山東部の内ヶ原などに，前方後円墳，前方後
方墳，方墳などに含めて，前期の円墳の存在が予
測されている。

　現在判明している資料では双方中円形の楯築墳
丘墓や都月坂2号墓からの発展を考える方が理解
しやすい。山陰地方のように方形を固持した地域
もあり，前方後円（方）か方の段階を経て円墳の
出現をみたと言えよう。

3　前方後円墳と円墳

　前方後円墳（前方後方墳）と円墳の数の比率に
ついてさきに福岡県の事例をあげて述べたが，全
国の古墳数の中での円墳の占める割合は90％以上
95％前後の高率を占めよう。しかし径30m以上の
円墳と限定した場合，奈良県内の事例からいくと，
前方後円墳の総基数の10％にも充たない状態であ
る。とくに前方後円墳の終焉，あるいは衰退期に
これにかわって出現する円墳を除外するとさらに
少なく4〜5％となる。

　前方後円墳と円墳，墳形の持つ意味について，
本格的に検討された論考は少ない。しかし，大型
円墳に造り出しの付く岡山県月の輪古墳の調査報
告では，「各地方国家の中枢部との間に身分階層
関係を結びつつ地域小政治圏の支配者層が古墳を
営みうる地位を確立した時，中枢勢力に対する身
分的秩序の表現から前方後円墳ではなく，帆立貝
式・造出しつき大円墳・大円（方）墳等の外形を
とらざるをえなかった」とした。

　また石部正志氏は「各地の首長墓の規模と墳
形」で，「墳形の差は，中央と地方，地方内の小
地域，あるいは集団成員相互の身分関係を指標す
る機能の面が強いこと，両者が調和して墳形と規
模が決定されたものであること，その調和が破ら
れた時大円墳が出現したりする」と考えられた。

　大型円墳について検討を加えられることは少な
かったが，小野山節氏は帆立貝式古墳の墳形につ
いて古墳の規制で理解しようとし，私も富雄丸山
古墳の報告書で，古墳の被葬者を特定氏族に推定
し，その氏族の事跡と伝承から古墳の規制のため
に，大型円墳の出現をみたと推定したことがある。

　ところで，福岡県を中心とした北部九州の中期
古墳をみてみると，久留米周辺では，上津群と，
三潴群に分けられているが，柳田一男氏の編年で
は，5世紀中葉に木塚―甲塚―石櫃山―浦山古墳
への首長墓の系譜がみられるが，6世紀前葉以降
に墓域を拡大して三潴群が誕生したとみる。この
新しい古墳群は造り出し付円墳の御塚（80m）を
初めとして日輪寺古墳，権現塚古墳（円，56m）
となる。墳形不明の日輪寺古墳を除けば造り出し
付円墳や大型円墳で墓域拡大によって生じた分脈
の首長層を明示するためか，新しい首長層の参入
を示すためか，2カ所の古墳群でのきわだった墳
形差が存在する。八女グループでも石人山古墳か
ら岩戸山古墳，鶴見山古墳の流れの中で，本6号
墳から岩戸山4号墳まで，6基の大型円墳の流れ
が認められるが，同一古墳群内の身分差の表われ
と理解できよう。この古墳群では，主になる前方
後円墳に墳丘規模でまさる円墳は認められない。
三池地域では山川古墳群では山門車塚（前方後円
墳，55m）から坂田権現塚古墳（円墳，48m），赤坂
カンス塚，九折大塚（造り出し付円墳，55m），北山
茶臼塚古墳（前方後円墳，35m），北山大塚（円墳，30
m）と続く。ここでは墳丘規模が円墳でも前方後
円墳でも55〜50m前後におさまっているが，墳丘
には前方後円→円（造り出し付を含む）→前方後円→
円と推移し，墳形表示に不安定さをもっている。
福岡，熊本の県境の関川古墳群では30〜38m前後
の円墳が続き，6世紀前半の三ノ宮古墳（前方後
円墳，36m）になる。5世紀代は自主独立路線を
進んでいて，6世紀代になって中央政権に組み込
まれたとみるのか，5世紀代の100年間は周辺地
域の強い規制の下に円墳の築造をよぎなくされ，
6世紀代になってやっと，前方後円墳の築造をゆ
るされたとみるか，評価のわかれるところであろ
う。

　京都府下も問題の地域である。とくに丹後地方
は竹野川流域と野田川流域に集中している。前期
古墳は，竹野川流域では峰山町のカジヤ古墳があ
げられる。径73m，高さ9.5mの大円墳で，竪穴式
石室と木棺直葬したものの3カ所があり，鏡，石製

34

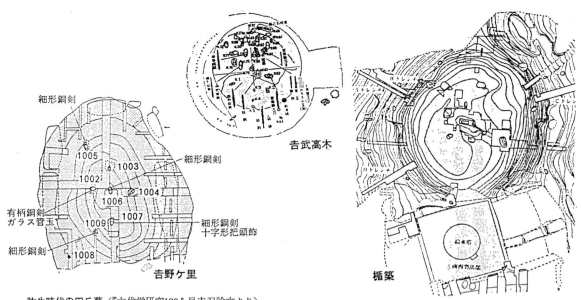

弥生時代の円丘墓(『古代学研究123』号寺沢論文より)

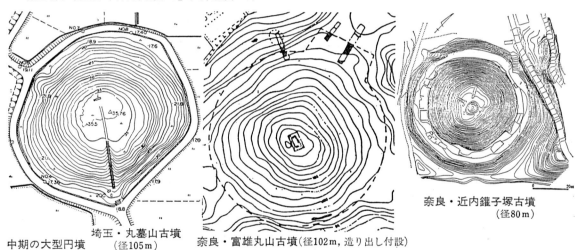

中期の大型円墳

埼玉・丸墓山古墳 (径105m)
奈良・富雄丸山古墳(径102m, 造り出し付設)
奈良・近内鑵子塚古墳 (径80m)

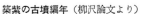

築紫の古墳編年(柳沢論文より)

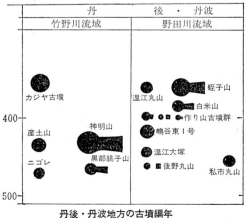

丹後・丹波地方の古墳編年
(細川・森・杉原論文より作成)

各 地 の 円 墳

腕飾類，刀剣類が出土している。中期になって，大型前方後円墳と大型円墳が出現する。神明山古墳と産土山古墳である。神明山古墳は全長190mの巨墳で埴輪と葺石をもつ畿内型古墳で埋葬施設は竪穴式石室と推定されている。この古墳と比較される産土山古墳は径56m，高さ9mの円墳で，直葬された凝灰岩製の長持型石棺から変形四獣鏡1面，玉類，鉄製品，木弓，甲冑などが出土している。産土山古墳は，カジヤ古墳と同様大型円墳で，しかも畿内政権との関連を思わせる豊富な副葬品はこの地域の首長墓と位置づけられるが，しかし，近隣地にある神明山古墳との関係が問題である。同一古墳群内に神明山古墳という大型前方後円墳があるため相対的な陪塚的な傾向を認めなければならない。この時点で，神明山古墳を中心とする確実な支配体制の中に組み込まれたとみるか，あるいはカジヤ古墳の被葬者が豊富な腕飾類を入手した時点で，畿内政権の中に組み込まれたが，前方後円墳の築造に至るほど成熟していなかったとみるかは意見の分かれるところであろう。

また神明山古墳から産土山古墳への変遷を考えれば，なんらかの墳丘規制の結果とも言えよう。

野田川流域では温江丸山古墳が前期の大型円墳である。径65m，高さ7mの大円墳で葺石が存在する。竪穴式石室内に組合式石棺が存在し，三角縁神獣鏡ほか2面の鏡と鉄刀が出土している。

この丸山古墳と関係づけられるものに，蛭子山古墳がある。全長145mの大型前方後円墳で後円部中央に3基の埋葬施設があり，その内の1基は石枕付の舟型石棺で，棺内から内行花文鏡1面と，周辺部から鉄製武器類が出土している。大型前方後円墳の強い影響の下に大型円墳の温江丸山古墳も組み込まれていたと考えられよう。しかし，一方では，埴輪の有無，石棺形式・被覆施設のちがい，副葬鏡式の差異から出自の違いを考え，拮抗する氏族を推定している。その後，野田川流域では鴫谷東1号墳，温江大塚古墳などの大型古墳が続くが，温江丸山古墳の系譜をひくものとみれば，前方後円墳の蛭子山古墳は一時的なものとなる。

丹波地方では由良川流域の私市丸山古墳が注目される。径71m，高さ10mの大円墳で，3基の木棺を直葬していて，第1・第2主体部には甲冑1領ずつなど豊富な武器・武具を副葬していた。副

葬品の内容からは，前方後円墳を築ける階層の人人と推定されるが，あえて大型円墳である点に問題を持つ。

4　まとめにかえて

奈良県内の事例をあげてまとめにかえたい。佐々木好直氏は「奈良県の円墳」の中で26の事例をあげて考察を加えられている。これをみる限り前方後円墳と円墳の関係は，前者が主墳に，後者が陪塚になるが，その逆の例はない。また近隣の前方後円墳に比べ，円墳，帆立貝式古墳に比べ使用されている円筒埴輪は小型のものが多いのも，古墳の格付として，前方後円墳に比べ低く評価されていたことを物語っていよう。

前期古墳の中では富雄丸山古墳が問題である。矢田丘陵と西ノ京丘陵に挟まれた富雄川の中流域で，現在でも谷水田などの耕地しかなく経済基盤は弱い。下流域には小泉大塚古墳などの前期から中期の古墳も存在する。しかし，径102m，高さ10.6mで，長さ16mの造出しを付設する。また東大寺山古墳に比較される粘土槨を持ち，副葬品も豊富である。すでに述べたが被葬者の出自との関連で規制されたと考えたい。五条市近内地域も大型円墳の鑵子山古墳（径80m）を中心に径30mの丸山古墳や，猫塚古墳などの方形墳の多いところである。この地域では，中期後半の今井1号墳や6世紀前半の東阿田大塚山古墳まで前方後円墳の築造がみられず，前期〜中期後半まで，特異な氏族によって占められていたと考える。蒙古形冑をはじめ武器・武具の出土も多く，紀ノ川の交通要所を占め，奈良盆地とも近く，奈良盆地外縁部の武装集団の墓を推定させる。造墓集団の性格から，円墳，方墳からなる古墳群を作り，その中心が径80m，高さ12.5mの円墳の築造に至ったと考えられる。

参考文献

小林行雄『日本考古学概説』1951
水野清一・小林行雄編『図解考古学辞典』1959
末永雅雄『古墳』1969
「特集　列島各地の円墳」古代学研究，123，1990
「＜シンポジウム円墳＞の報告」古代学研究，124，1991
石部正志「各地の首長墓の規模と墳形」『日本古文化論攷』1970
久野邦雄・泉森　皎『富雄丸山古墳』1973
泉森　皎「富雄丸山古墳の墳形について」青陵，59，1986

方　墳

京都府埋蔵文化財調査研究センター

■ 平良泰久
（たいら・やすひさ）

方墳は古墳時代の終末期に最大の画期がある。方墳といえばまず出
雲を想起するが，大形方墳はじつは畿内とその周辺にもっとも多い

　墳丘の平面形を方形に造った方墳は，洋の東
西，古今を問わず普遍的な墓の形態である。ピラ
ミッドや秦の始皇帝陵など，古代の専制君主はし
ばしば巨大な方墳を築いた。日本列島でも，弥生
時代の方形周溝墓・方形台状墓に始まり，古墳時
代を通じて行なわれた。この間の3世紀から6世
紀に至る400年間，独特の形をした前方後円墳が
盛んに造られた。墳丘長二百から四百数十mに及
ぶ巨大な前方後円墳が畿内を中心に多数出現する
のに対し，円墳や方墳は最大でも百mを越えず，
前方後円墳よりはるかに小さかった（表1）。「前
方後円墳の時代」である。

　6世紀末，前方後円墳の消滅により，大古墳が
方墳に変わる。用明以後は天皇陵の墳形に採用さ
れた。方墳の最大の画期である。ちなみに，60m
を越える大形方墳14基の半数は，6世紀末以後の
終末期古墳である。

1　方墳の存在形態

　方墳の存在形態についてはいくつかの類型化が
行なわれているが，ごく単純化していえばA主墳
とB従属墳との二者がある。

　Aは文字どおり付近にある古墳の中で最大の規
模をもつ方墳であり，独立して存在する大形の方
墳もこれに含まれる。辺長50mを超える方墳その
ものが少なく，類例は限られている。前期の島根
県造山1・3号墳，中期の奈良県桝山古墳，京都
府聖塚古墳，三重県明合古墳，終末期の宮崎県常
心塚古墳，大阪府春日向山古墳・山田高塚古墳，
奈良県石舞台古墳，千葉県竜角寺岩屋古墳・駄ノ
塚古墳，群馬県愛宕山古墳・宝塔山古墳など。終
末期の大形方墳は，冒頭にふれた前方後円墳消滅
後の大王権力周辺の一部支配層の墓制であり，や
がて上円下方墳・八角墳へ推移する。

　Bは，付近に大形の前方後円墳もし
くは円墳があって，それに従属する方
墳である。方墳のほとんどがこれに属
し，さまざまなタイプがある。大形古
墳に隣接してあり，それに次ぐ規模を
有するBI，大形古墳の陪塚とみられ
るBII，小方墳が群在するBIIIであ
る。

　BIは滋賀県天乞山古墳，兵庫県山
ノ越古墳・同篠山町北条古墳，奈良県
西山古墳・つじの山古墳，京都府ヒル
塚古墳・同城陽市西山古墳群・同亀岡
市桝塚古墳・坊主塚古墳など，畿内と
その周辺部に多い。Aとの区別が実は
容易ではない。たとえば播磨の山ノ越
古墳は，近くに全長143mの大前方後
円墳壇場山古墳があって，その点では
BIだが，壇場山→山ノ越と推移した
のであれば，壇場山古墳の次代の首長
墓である山ノ越古墳はAと評価すべき
こととなる。大和の西山古墳・つじの

表1　方　形　方　墳

古　墳　名	所　　在　　地	時　期	墳丘長(m)	備　　考
桝山古墳	奈良県橿原市	中　期	96	伝倭彦命墓
竜角寺岩屋古墳	千葉県印旛郡栄町	終末期	86	
浄元寺山古墳	大阪府藤井寺市	中　期	70	
天乞山古墳	滋賀県蒲生郡蒲生町	中　期	65×62	
常心塚古墳	宮崎県西都市	終末期	64×58	
猫塚古墳	奈良県御所市	中　期	63	
春日向山古墳	大阪府南河内郡太子町	終末期	63×60	伝用明天皇陵
山田高塚古墳	大阪府南河内郡太子町	終末期	63×56	伝推古天皇陵
向墓古墳	大阪府羽曳野市	中　期	60	
明合古墳	三重県安芸郡安濃町	中　期	60	
造山1号墳	島根県安来市	前　期	60	
駄ノ塚古墳	千葉県山武郡成東町	終末期	60	
愛宕山古墳	群馬県前橋市	終末期	60	
宝塔山古墳	群馬県前橋市	終末期	60×56	
造山3号墳	島根県安来市	前　期	58×44	
山ノ越古墳	兵庫県姫路市	中　期	55	
聖塚古墳	京都府綾部市	中　期	54	
西山古墳	奈良県五条市	中　期	54	
廟所古墳	島根県松江市	中　期	53×44	
ヒル塚古墳	京都府八幡市	前　期	52	
妙見1号墳	京都府福知山市	中　期	52	
つじの山古墳	奈良県五条市	中　期	51	
石舞台古墳	奈良県高市郡明日香村	終末期	51	

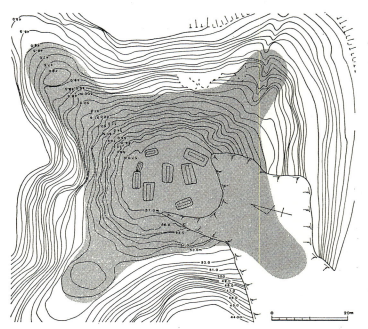

図1 権現山古墳（久保哲正ほか『権現山古墳発掘調査概報』1984より作成）

表2 京都府の古墳

	前方後円墳	円墳	方墳	墳形不明	横穴	計
丹後	74	2,651	2,159	60	130	5,074
丹波	48	2,307	182	31	2	2,570
山城	84	1,187	103	79	52	1,505
計	206	6,145	2,444	170	184	9,149

2 出雲の方墳

　島根県東部の出雲は，方墳が多いところとして古くからよく知られている。古墳の出現期から終末期まで，前方後方墳とともに方墳の首長墓が多数築かれるが，様相は時期とともに変化する。

　出雲を含む日本海沿岸地域は弥生時代の方形台状墓分布域であり，その終末期には四隅突出型方形墳丘墓という特異な形態の墳丘墓を創出した。この墳丘墓は中国山地から山陰を中心に40例ほどが知られており，弥生中期に出現，古墳の出現前後には姿を消すという。こうした弥生時代の墳丘墓の系譜を引いて，前期の造山古墳群が出現する。

　四隅突出型方形墳丘墓は山陰以外では富山市杉谷墳丘墓が唯一知られているが，京都府久美浜町権現山古墳もこのタイプに属すると見られる。杉谷と同様貼石はなく，辺長50m，突出部を含めれば60mを越え，墳頂部に8基の埋葬施設をもつ。時期は前期後半，これまでで最も新しい。

　中期には，段築・葺石・埴輪を備え，長持形石棺を内部主体とする丹華庵古墳（47m）が出現，廟所・石屋（42m）・大庭鶏塚（44m）など大形方墳が継起的に築造される。伝統的な形の墓に畿内の巨大前方後円墳の外表施設や埋葬施設を採用，畿内の古墳文化との交流を深めたのである。

　後期になると，出雲最大の山代二子塚古墳を始めとする前方後方墳は築き続けられるが，大形方墳は一旦途絶える。再び方墳の首長墓が出現するのは終末期の山代方墳（45m）である。これは同時期の畿内の大王墓そのものであり，等しく方墳とはいっても，前・中期のそれとは断絶がある。関東や九州の一部に見られる終末期の大形方墳と同じく，畿内大王権力との直接的で特殊な関わりを示すものと見られる。

3 畿内周辺の大形方墳

　出雲の首長墓に対し，畿内の方墳といえばまず巨大古墳の陪塚を想起するが，首長墓もしくはそ

山古墳なども同様の問題が指摘できる。

　BⅡは奈良県室大墓古墳に伴う猫塚古墳，佐紀古墳群のコナベ古墳の外周をめぐる多数の方墳群，大阪府古市古墳群の墓山古墳に伴う浄元寺山古墳・向墓古墳，京都府城陽市平川車塚古墳に伴う梶塚古墳など，畿内の巨大古墳の陪塚として特徴的なものである。

　BⅢは大阪市長原古墳群，京都府木津町上人ヶ平古墳群・同大宮町左坂古墳群，兵庫県豊岡市北浦古墳群など。墳高1m前後，形態上は弥生時代の方形周溝墓・方形台状墓と変わらない。最近の大規模発掘で次々見つかり始めたものであり，数の上では他を圧倒する。たとえば，京都府の古墳総数は約9,200基，半数を越える5,100基が丹後にあるが，そのうちの半数近くを方墳が占める（表2）。丹後は弥生時代方形台状墓の地域であり，そのほとんどが台状墓と区別できない小方墳である。

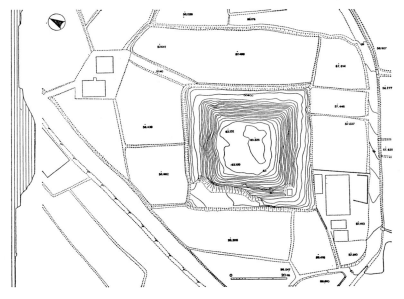

図2　聖塚古墳（平良泰久ほか『丹波の古墳Ⅰ』1983より）

れに準ずる大形方墳も実は畿内周辺に集中している。AおよびBⅠである。ただし上掲のBⅠには検討を要するものが多い。

　滋賀県天乞山古墳は湖東平野に営まれた木村古墳群の1つである。この地域は，前期の安土瓢箪山古墳・雪野山古墳の後，有力な前方後円墳がないところである。木村古墳群は10基程度からなる滋賀県最大級の中期古墳群であるが，天乞山古墳・久保田山古墳以外はすでに破壊され，不明な点が多い。断片的なデータによれば，多くの古墳は段築・葺石・埴輪・周濠を備えていたらしい。最大のケンサイ塚古墳は直径70〜80mの円墳といわれているが，実測図によれば方墳とも見なし得るし，前方後円墳の可能性も否定できない。いずれにせよ，首長墓は天乞山古墳→ケンサイ塚古墳→久保田山古墳（造出し付き円墳，径55m）の順に築造されたと考えられており，方墳の天乞山古墳が中期前半の最大の古墳となる。

　奈良県西山古墳・つじの山古墳の属する近内古墳群は，大形の円墳や方墳を主体とする総数200基前後からなる大古墳群である。最大の鑵子塚古墳（径85m）や丸山古墳（径38m）以外の有力墳はすべて方墳であり，段築・葺石・埴輪および周濠を備える。前期末〜中期初頭に鑵子塚古墳が出現，以後西山古墳・つじの山古墳を筆頭に猫塚古墳・塚山古墳・青墓古墳・大墓古墳などの有力方墳が次々築かれる。初現期を除けば，首長墓系列は方墳を採用するといってよいところだ。

　このように，木村古墳群も近内古墳群もBⅠではなく，方墳を主体とするAに属するものと見るべきである。

　このAは畿内周辺に分布するが，河内にはなく，大和にも近内古墳群と桝山古墳の2例があるだけである。近内古墳群は大和とはいえ，吉野川流域に属し，下れば紀ノ川となり紀伊に通じるところである。狭義の大和である大和川水系の国中平野とは別に考えてよい。そうすれば桝山古墳が唯一の例外になる。この古墳は辺長96m，高さ15m，3段に築く。規模が図抜けて大きく，そのためか終末期古墳と考えられたこともあったが，円筒埴輪の特徴から中期前半に位置づけられることとなった。近くには新沢古墳群や鳥屋身三才古墳（伝宣化天皇陵）があるが，相互の関係について納得できる解釈はまだない。この古墳が築造された段階では独立墳と見るべきであろうが，視野を大和盆地南部に拡げて同時期の大形前方後円墳室大墓古墳との関係なども検討すべきかも知れない。室大墓古墳には陪塚としては破格に大きな猫塚古墳が伴い，ここから巨勢路を南行すれば近内古墳群である。存在形態こそ違え，これら大和南部の大形方墳は互いに深く関わり合っているのであろうか。

参考文献

石部正志「大和の大形円墳」『末永先生米壽記念獻呈論文集』乾，1985

是川　長「播磨地方の方形墳について」『中国高速道路建設に伴う埋蔵文化財調査報告』1972

平良泰久「方墳二態」『京都府埋蔵文化財論集』第1集，1987

田中勝弘「方墳の性格－特に，近畿地方における中期方墳について」古代文化，32−8，1980

西川　宏「方墳の性格と諸問題」私たちの考古学，5−3，1959

山田良三「山城の方形墳」Ⅰ・Ⅱ，古代学研究，47・48，1967

上円下方墳

奈良国立文化財研究所
金子裕之
（かねこ・ひろゆき）

上円下方墳は不明のものを入れても石のカラト古墳など5，6
例にすぎず，その初現は6世紀代，下限は8世紀代とみられる

1 上円下方墳のはじめ

ひっくり返した角盆に鏡餅をのせた姿。これが上円下方墳である。この語の使用は，長江正一の石のカラト古墳（奈良県・京都府）に関する短報[1]が，そのはやい例であろうか。この語を広めるきっかけとなったのは，奈良県石舞台古墳の報告書[2]である。今日，蘇我馬子の墓として著名な石舞台古墳は，京都大学考古学教室の1933年から2年余りの調査とその成果によって，広く知られるようになった。梅原末治は報告書のなかで，石舞台古墳の当初の姿を下方一成上円一成，下方一成上円二成，下方二成上円一成，方形三成の4案に分けて検討。最終的に上円一成下方一成，すなわち上円下方墳に復元する案を提示した。

この古墳には調査の段階でも墳丘土がほとんどなく，復元の根拠となったのは周濠が方形であるのに，石室西北部において大形の葺石が円形に連続した様子が看取できたことだった。報告書の結論がやや遠慮がちであるのに対し，同書に載せる封土除去時の模型写真は，紛れもなく上円下方形を示す。この頃はまだ，上円下方墳という言い方は定着しておらず，上円一成下方一成や下方上円といった表現などがあった。

梅原はこの墳形を方墳のヴァリエーションととらえ，類例に岐阜県坂祝火塚古墳[3]，京都市山科区の天智陵をあげている[4]。ところが，石舞台古墳を上円下方墳とする説は必ずしも多くの賛同を得たわけではなく，調査に参加した小林行雄も否定的である[5]。そうした状況もあって，上円下方墳の存在は長く疑問視されてきた。

上円下方墳の実在を初めて実証したのは，1979年1月から3月の奈良国立文化財研究所による石のカラト古墳の調査であった。この古墳は江戸時代に，土地争いの審判場所であった[6]経緯からか，墳丘のみが奈良県奈良市，周囲は京都府相楽郡と両府県にまたがっており，奈良県では石のカラト古墳，京都府ではカザハヒ古墳と呼んで遺跡

台帳に別々に登録し，報告している。このうち，京都府側から長江正一がこれを上円下方かと推測して紹介した[7]。しかし，その直後に調査した梅原末治が方墳説を唱えた[8]こともあって，この説はいつしか忘れ去られ円墳説，方墳説が入り乱れていた[9]。

わたしたちの調査の結果は，長江の卓見を60年ぶりに実証することになった。この古墳は下方部の一辺が約13.7m，上円部の直径が約9.5m。上円部の頂部までの現存高が最大で約2.5mと規模は小さい。上円下方墳の決め手は，第1段の方形部と第2段の円形部の境に葺いた葺石の平面形が，円弧状を呈することにある[10]。

その後，1986年にいたって，今度は静岡県沼津市からこの古墳が出現した。工場団地造成に伴う事前調査によって，従来方墳とされていた清水柳北1号墳が上円下方墳と判明した。ここでは一辺約20mの周濠が方形にめぐり，一辺12.4m，現存高1mの方形墳に上円部がのる。この上円部の葺石がやはり円形を呈す[11]。このように上円下方墳が実在することは明らかだが，いわば出発点になった石舞台古墳自体先にみたように方墳説も根強く，また，梅原がその1例としてあげた京都市山科区の天智陵については，梅原の示唆を発展させた白石太一郎氏が八角形墳に復元した[12]など，この古墳はいまだに類例が乏しい。

2 分布と年代

上に述べた古墳のほかに，今日上円下方墳とされるのが2古墳ある。その一つは大阪府東大阪市の山畑2号墳[13]。これは一辺約28mの方形土壇上に径14mの円墳をのせ，片袖式の横穴式石室を備えた後期古墳である。ただし，肝心の墳丘は未調査であり，上円下方形の認定には厳密さを欠く憾みがある。いま一つは関東の宮塚古墳。埼玉県熊谷市にあるこの古墳は第1段の一辺が約20m，高さ2m。上円部は径が約10m，高さ約2.2mを測り，表面に葺石がある。主体部などは不詳で，報

40

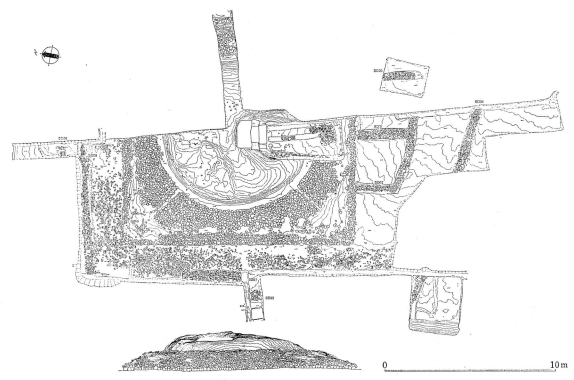

図1 奈良市石のカラト古墳遺構図（註10より）

告者は上円部の規模が小さいことを理由に上円下方形に疑義をはさむ[14]。

かく述べてくると，仮にこれまで述べてきた古墳をすべて認めても，上円下方墳の例は5，6例にしかならない。今後の調査の進展が期待される所以である。

ところでこの古墳の年代はいつか。類例の乏しさから，この解答は容易ではない。山畑2号墳が確かであれば，初現は6世紀代に遡ろう。他方，下限は8世紀に下る。清水柳北1号墳は主体部がはやく破壊をうけたが，東の周濠からその凝灰岩製の石櫃片が多量に見つかった。石櫃は中央に直径25cm前後の小穴があって，火葬蔵骨器を納めていたらしい。主体部周辺にあった須恵器・土師器の坏の年代観から，古墳の年代を8世紀前半と推定し，祭祀が8世紀の後半まで継続したとしている[15]。

初出例の石のカラト古墳は，墳丘上から見つかった須恵器の時代が奈良時代前半から中葉。これは後世の可能性があるとして，年代決定に確実なのは埋葬時に埋めた墓道内出土の須恵器（坏）。しかし，残念なことにこれは口縁端部が外反する平城京でも特殊な型式で，奈良薬師寺例の比較から8世紀前半から中葉前後か，という[16]。他方，猪熊兼勝氏はこれを飛鳥時代末，すなわち7世紀に比定する[17]。ここでは，石のカラト古墳が平城宮の北北西約3.5kmの丘陵中にあることを考慮して，8世紀代に位置づけるのが妥当と思う。

3 天皇陵の可能性は

上円下方墳がいかなるクラスの古墳かみておこう。この場合，清水柳北1号墳は別として，石のカラト古墳はその位置，および8世紀という年代から，墓主人を天皇か親王，あるいはそれに準ずる階層とみて誤りあるまい。ここでは有力候補の1人に称徳（孝謙）女帝をあげ，その可否を検討しておこう。称徳女帝は聖武天皇と光明子の皇女，770（宝亀元）年8月4日に平城宮西宮寝殿に没。同8月17日に「高野天皇を大和国添下郡佐貴郷高野山陵に葬る」（『続日本紀』）とある。高野天皇の呼称は山陵名からきており，その陵は近国の役夫6,300人を動員し高市皇子の子，従二位鈴鹿王（天平17年没）の旧宅に造営した（『同』宝亀元年8月9日条）。『延喜式』にはその兆域が「東西5町，南北3町」とある。

添下郡は平城京朱雀大路を境に東を添上，西を

41

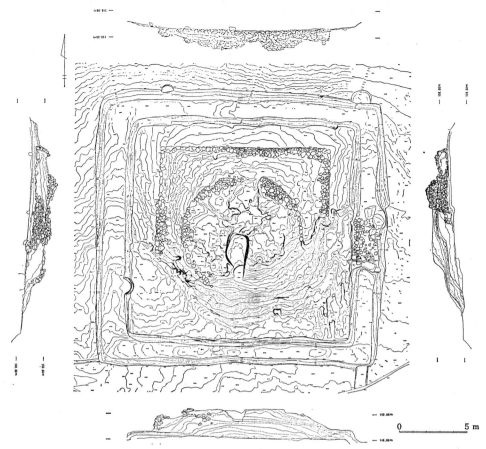

図2　沼津市清水柳北1号墳墳丘実測図（沼津市教育委員会提供）

添下としたうちの西を指す。佐貴郷は，『日本霊異記』に「諾楽京活目陵北の佐岐村」ともみえる。活目陵はいわゆる垂仁陵（宝来山古墳・奈良市尼辻町）を意味し，その北方にあたる。称徳女帝が造営した西大寺は，『西大寺資材帳流記』（宝亀11年12月25日付。『寧楽遺文』中）に寺域の東限が「佐貴路」とあって，これは西二坊大路の別称である。中世，賽の河原伝説のもとになった平安京の佐比大路の名は，平城京佐貴大路に由来する[18]。以上から，佐貴は佐岐，佐紀に通じ平城宮の北西の地域，つまり現在の奈良市佐紀町よりはるかに広範囲であった。ところで，平城京の葬送地は京域の周辺にあるが，特殊例に属する光仁を除き元明・元正・聖武の奈良時代前半期の天皇陵はすべて京域の北にあり，北という方位が重要であった[19]。したがって，これらの諸条件を満たすには，高野山陵は宮城の北西でなければならない。

現在，宮内庁が祀る「高野陵」は，江戸後期に長く不明となっていたものを『山陵考』が現治定地に比定し，1863（文久3）年から1864（同4）年にかけて修補した[20]という。近鉄西大寺駅東北約2kmにある「高野陵」は，前方後円形を呈し墳丘には埴輪が散布していて[21]，本来の高野山陵とは考え難い。この点，平城宮の西北西3.5kmの奈良山にある石のカラト古墳は，地域的には高野山陵とは矛盾しない。

石のカラト古墳は石室は奈良県明日香村のマルコ山古墳，高松塚古墳などに類似した凝灰岩の切り石積みで，天井部を屋根型にくり込むところはマルコ山古墳と共通する。しかし石室の規模は内法が長さ約2.6m，幅1.04m，高さ1.06mとマルコ山より一回り小さい。マルコ山古墳より年代が下るためであろうか。

この石室ははやくに盗掘を受けたために，副葬品の大半は不明だが，調査では銀装大刀の一部とその刀装具，金・銀・琥珀の玉各1点，金箔片が70あまり，容器などに塗った漆の細片が見つかっている。現存する副葬品は乏しいが，墓主人の階

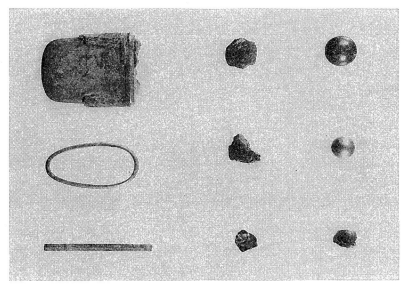

図3 石のカラト古墳の副葬品
（左から刀装具，琥珀玉4片，右上は銀玉，その下は金玉）

層を推定する手懸りにはなろう。このうち玉類は金玉が径0.88cm，銀玉が1.18〜1.20cm，琥珀玉は破片で復元径1.9cmほど。これらは帯の垂飾品ではなかろうか[22]。この銀装大刀や琥珀玉は，聖武天皇遺愛の品々を納めた正倉院宝物に含まれている。

金銀鈿荘唐大刀(でんそうからたち)から杖刀にいたる百口（『東大寺献物帳』）は「正倉院宝物」の中でも由緒正しい品々で，この中にも銀装大刀がある。また，琥珀玉は水晶・瑪瑙玉，およびガラスの小尺・魚形，金銀絵の刀子などとともに帯の飾り（『東大寺献物帳』）としてある。このうち径の大きな水晶玉は紫・黄・緑の暈繝(うんげ)の組緒で包むように結び，小さな玉は絹紐製の網袋に数個単位でいれる（『正倉院御物図録』）。この例からみて，石のカラトの径の大きい琥珀玉は前者の，金・銀の玉は後者の方法で佩用(はいよう)したのではないか。こうした玉類は『衣服令』にみる玉佩(ぎょくはい)にあたる[23]。令の規定では，玉佩は親王・三位以上とあり，天皇以下三位以上が佩用した（『令義解』）。このように見て来ると，石のカラト古墳を天皇陵級とすること，すなわち高野山陵に充てることは必ずしも無謀とは言えまい。

ただし，墓道出土の須恵器の年代を770年まで下げられるのか，という問題。また，さきに引く『西大寺資財帳流記』には寺域の東北部に喪儀寮がみえ，これとの関連で西大寺の東北方に高野陵を考える説が起こり，『北浦家所蔵西大寺古図』には西大寺の東北，現在の治定地付近に「本願天皇陵」の書き込みがあるなどの問題がある。これらをいかに考えるべきか，解決すべき論点は少なくないが，すべて今後の課題としたい。

小文の作成に際しては，町田章・猪熊兼勝両氏の御教示を得た。

註
1) 長江正一「京都府相楽郡相楽村の方形墳」考古学雑誌，11—1，1920
2) 浜田耕作・梅原末治『大和嶋庄石舞台の巨石古墳』1937
3) 小川栄一「坂祝火塚古墳」『岐阜県史跡名勝天然記念物調査報告書』4，1935
4) 梅原末治「日本方形古墳聚成」『大和嶋庄石舞台の巨石古墳』1937
5) 小林行雄「上円下方墳」『図解考古学辞典』1959
6) 奈良市『奈良市史 考古編』1968
7) 註1) に同じ
8) 梅原末治「相楽村の方形墳」『京都府史跡勝地会報告』6，1925
9) 註6) および河上邦彦「奈良市石のカラト古墳」『奈良県の主要古墳』Ⅱ，1969
10) 金子裕之「石のカラト古墳の調査」『奈良山—Ⅲ 平城ニュウタウン予定地内遺跡調査概報』1979
11) 鈴木裕篤「静岡県清水柳北1号墳」『日本考古学年報』39，1987
『清水柳北遺跡発掘報告書1・2』沼津市文化財調査報告書第47・48，1989・1990
12) 白石太一郎「畿内における古墳の終末」『国立歴史民俗博物館研究報告』1，1982
13) 東大阪市教育委員会『東大阪市埋蔵文化財調査概要』1973年度，1973
14) 埼玉県「宮塚古墳」『新編埼玉県史 資料編2』1982
15) 註11) に同じ
16) 註10) に同じ
17) 飛鳥資料館『飛鳥時代の古墳』1979
18) 喜田貞吉「本邦都城の制」『喜田貞吉全集』5，1979
19) 金子裕之「平城京と葬地」『奈良大学文化財学報』3，1984
20) 上野竹次郎『山陵』1925
21) 註6) に同じ
22) 町田章氏御教示
23) 関根真隆『奈良朝服飾の研究』1974

八角形墳

広島県埋蔵文化財調査センター
脇 坂 光 彦
（わきさか・みつひこ）

八角形墳は大王家の中でも極めて限定された人物のみに採用された
ものであるが，地方の多角形墳にも大きな政治的影響がみてとれる

1972年の飛鳥高松塚古墳の発掘を契機として，いわゆる終末期古墳への関心が一層強まっていったが，この高松塚に近い中尾山古墳が1974年に発掘調査され，終末期古墳の研究に新たな資料を提供することになった。中尾山の調査ではいくつかの新事実が明らかとされたが，中でも墳丘が3段築成の八角形であることが確認されたことは重要で，これが八角形墳研究の出発点となったともいえるだろう。同じ明日香村にある野口王墓古墳は天武・持統合葬陵として，被葬者を特定できる数少ない古墳であるが，早くから八角形であろうことが知られており，八角形という墳形が，当時の大王権と密接な関連のあるきわめて政治的なものであったことが想定される。

ここでは，八角形墳の現状と特色を整理し，地方でも存在が知られてきている多角形墳についても触れながら，八角形墳の性格をまとめてみたい。

1 八角形墳の現状と特色

八角形墳あるいはその可能性が推定されている古墳を整理してみると表1のようである。

これらの古墳に共通した特色を整理してみると，次のような内容がある。①御廟野古墳以外はすべて奈良盆地南部（飛鳥）に集中している，②埋葬主体については不詳のものもあるが，それぞれが他例のほとんどない個性的できわめて精巧な施設をつくっている，③年代は7世紀半ば以降，8世紀初め頃に限定される，④被葬者はいずれも天皇またはその皇子が想定されうる。

以上のことからみると，八角形墳は有力豪族に採用されるものではなく，王族，その中でも特定の大王やその皇子に限定して構築されたものであるといえる。このことは，大王権力が急速に強化されていく大化改新後の政治的動向に対応しているもので，突出した大王権を象徴するものとして八角形墳が造営されたものと考えられよう。

こうした歴史的背景として白石太一郎氏は，「大王にのみ固有の墳墓形式である八角墳を創出したのが……押坂彦人大兄系の大王家とそれを支持した反蘇我系の諸豪族であったと想定される……」と述べられている[1]。ところで，7世紀初め頃から，蘇我系の大王や大豪族が方墳を構築した（例えば，赤坂天王山古墳や石舞台古墳など）のに対し，反蘇我系の豪族は円墳を営んでいる（例えば，牧野古墳やムネサカ1号古墳など）ことが指摘されている[2]が，八角形という墳形が，後述するように，方墳の範疇として把握され，方墳系であることにその意義を求めるなら，八角形墳構築の背後豪族についてはさらに検討の余地があるものと考

表1　八角形墳一覧（推定を含む）

古墳名	所在地	墳丘		埋葬主体	備考
		形	特色など		
御廟野古墳	京都市山科	八角形	方形壇＋八m形墳丘 対辺長約42角	横穴式石室か	天智陵，1976年調査
段ノ塚古墳	奈良県桜井市	〃	方形壇＋八角形墳丘 対辺長約42m	横穴式石室か	舒明陵
岩屋山古墳	〃 明日香村	〃（？）	方形壇＋八角形墳丘 一辺40〜45m	横穴式石室（花崗岩切石）	斉明陵（？），1978年発掘
野口王墓古墳	〃 明日香村	八角形	対辺長約39m	横穴式石室（切石）	天武・持統合葬陵
中尾山古墳	〃 明日香村	〃	対辺長19.4m 敷石対辺長約30m	横口式石槨（花崗岩切石）	文武陵，1974年発掘
牽牛子塚古墳	〃 明日香村	〃（？）	対角長18.5m	横口式石槨（凝灰岩刳抜き2石槨）	斉明陵（？），1977年発掘
束明神古墳	〃 高取町	八角形	対角長30m	横口式石槨（凝灰岩切石）	草壁皇子の墓，1984年発掘

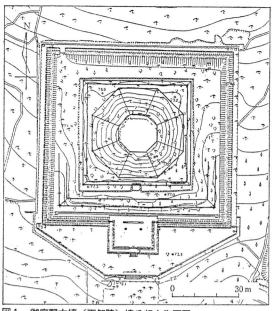

図1　御廟野古墳（天智陵）墳丘想定復原図
　　（白石太一郎「畿内における古墳の終末」歴博研究報告1より）

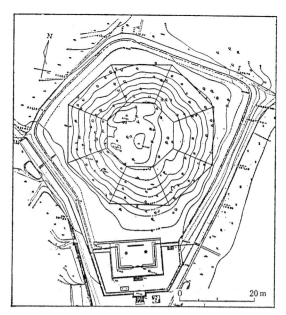

図2　野口王墓古墳（天武・持統合葬陵）墳丘想定復原図
　　（図1文献に同じ）

えられる。いずれにしても，大王権強化の過程で，有力豪族間の葛藤があり，それが何らかの形で古墳造営に影響を及ぼしていることはいえるであろう。7世紀末前後になると，八角形墳の埋葬主体部は，上記の特色②のように，きわめて個性的で他例のない施設が顕著である。例えば，中尾山古墳では蔵骨器納置用とも考えられる一辺が約90cm立方の特異な石槨を設けており，牽牛子塚古墳では凝灰岩を刳り抜いて並列する2石槨とした合葬墓をつくっている。また，束明神古墳はブロック状切石を屋根形に巧みに積んだユニークな石槨である。こうした個性化は，埋葬施設の構築に関与した豪族の相違も表現されているのではないかと推察される。表面に現われた墳形は八角形を明示するものの，内部の埋葬主体は統一的でないところに，大王権の確立がなお過渡期であったことを示唆するものであるかもしれない。

　一方，八角形墳が出現した思想的背景についてみると，以前から，寺院にみられる八角円堂などの仏教との関連が述べられてきていた。これに対し網干善教氏は，八角の造形は仏教にも見られるが，「その根本の思想は『中国における政治，祭儀』の儒教思想から出発……」しているとし，多くの事例をあげて論じられている[3]。すなわち八角形の意味について，八角は円の意識ではなく，方の意識であり，それは国土，国家に通じるものである。したがって，八角方墳の築造は中国の政治理念を根底とした「中央集権的律令体制の一つの具象でないか」と述べられているが，7世紀後半の古代国家成立期の状況をみるとき，首肯すべき点が多い。

　このような観点からみると，八角形は「八」そのものと「角」の双方に意味を持ち，「八角」となってさらにその意味が増幅，強化されるものであることがわかる。八角形墳の中には，方壇の上に八角形の墳丘をもつものと，方壇はなく八角形だけのものがあるが，時期的には前者から後者への変遷が指摘できる。7世紀代の大王クラスの墳形の変化をみると，(ア)方墳→方壇＋八角墳→八角墳，(イ)円墳→方壇＋八角墳→八角墳，の流れがあったようであるが，「方」により大きな意味を認めるならば，(ア)が主流であったといえるであろうし，奈良盆地南部の様相とも合致しているようである。

2　地方の多角形墳

　地方においても，墳裾に石列を多角形に配した古墳がいくつか確認されてきている。畿内以西の例をあげてみると表2のようである。

　これらの古墳に共通している内容は，①正確に八角形を呈しているものはない，②墳丘はいずれも小規模である，③埋葬主体は，尾市古墳以外は

表2　畿内以西の多角形墳一覧

古墳名	所在地	墳丘		埋葬主体	備考
		形	特色など		
中山荘園古墳	兵庫県宝塚市	八角形	六角形＋方形の造出し，対辺長約13m	横穴式石室（床面全体に敷石）	単独立地．1982年発掘
塩野岡ノ上2号古墳	〃　安富町	六角形	対辺長6.8〜7.3m	横穴式石室	2基の古墳群，1991年発掘
奥池3号古墳	岡山市津高	〃		横穴式石室	6基の古墳群，1991年発掘
尾市古墳	広島県新市町	多角変形	前側は八角形を指向，長さ約11m	横口式石槨（花崗岩切石の3石槨）	単独立地，1984年発掘

割石を積んだ小規模の横穴式石室である，④時期を把握しにくいものもあるが，7世紀代の構築と考えられる，などがあげられるが，相違点もいくつか認められる。

中山荘園と尾市の墳形は正確には八角形とはいえないが，墳裾石列の状態からはそれを指向して構築されていることは明らかである。一方，塩野岡ノ上2号と奥池3号は確実に六角形を呈している。埋葬主体部をみると，中山荘園が床面や羨道にやや丁寧な配石を行なっているものの，基本的には塩野岡ノ山2号や奥池3号の割石による小型の横穴式石室と同様であるが，尾市の場合は花崗岩切石を組んだ横口式石槨であり，石面全体に漆喰を塗っていたと考えられるなど大きな相違が認められる。主体部の構造を重視すれば，尾市と他の3古墳とを同様の視点でその性格を把握することは問題であろう。

「八角形」については，先述のように，「八」と「角」にきわめて政治的な内容を認めるなら，尾市や中山荘園が大和の八角形墳と何らかの関係があったことは否定できず，中でも尾市により強い結びつきを考えねばならないだろう。尾市は出土須恵器から7世紀後半の構築と考えられたが，中山荘園の場合は，報告書では7世紀第2四半期に位置づけている。しかし，時期を再検討する余地も残されているようで，八角形墳との係りからすれば，7世紀後半に下る可能性もあるだろう。

大和の八角形墳と六角形墳との関係，地方の八角形墳と六角形墳の関係についても明らかではなく，今後の類例を待って検討すべき課題である。

3　まとめ

八角形墳は，その造営時期をみると，7世紀後半から8世紀初めに限定でき，分布状況は当時の「都」に近隣した位置にある。被葬者を特定できることが大きな特徴で，当時の天皇や皇太子に比定しうる。この時期は大化改新後の律令体制が確立されていく最後の時期にあたっており，有力豪族の力が押えられ，大王権が絶対化されつつある過渡的な状況にあるが，このようななかで，大王権を誇示する象徴として八角形墳が営まれたものと考えられる。したがって，この墳形は大王家の中でもきわめて限定された人物のみが採用できたものであり，それを導入した背景には，中国の政治思想が大きく作用していたものとされよう。

地方に散見される多角形墳については，それらが八角形墳とどのような結びつきがあったかは明らかでない。多角形墳はそれぞれが多様な内容をもっているので，各古墳の成立背景の研究にはそれぞれの地域性を十分考慮せねばならないだろう。地方の古墳ということで，すべてを一律の視点でとらえようとするのは危険である。構築された時期については不明確なものもあるが，7世紀後半のものについては，地方が律令体制に組みこまれていく時期の大きな政治的影響のもとで営まれていることを念頭におかねばならない。

以上，八角形墳について整理してきたが，八角形墳に共通した特色としてあげた②，すなわち，他例のない精巧で個性的な埋葬施設という観点で7世紀後半の古墳をみると，これに該当するものとして桜井市の文珠院西古墳がある。この古墳は切石の横穴式石室の中でも最高の傑作として知られているが，八角形墳に共通した特色①〜④をすべて備えており，墳形のみが不詳である。墳形については八角形を示唆する部分も残されており[4]，今後，このような視点での検討が必要かと考えられる。

註
1) 白石太一郎「古墳の終末」『古代を考える・古墳』1989
2) 註1)と同じ
3) 網干善教「八角方墳とその意義」『橿原考古学研究所論集』第五，1979
4) 泉森皎「文珠院西古墳」『図説日本の史跡』3（原始3），1991
※各表の出典は省略した。

特集●古墳の形の謎を解く

古墳の形と古墳群

大形古墳群のなかにおいてさまざまな古墳の形はどんな配置をなすだろうか。そしてその前後関係はどうとらえられるだろうか

西都原古墳群／大和古墳群／上野・下野地域の古墳群

西都原古墳群

宮崎県教育委員会
■ 北 郷 泰 道
（ほんごう・ひろみち）

前方後円,円,方墳からなる西都原古墳群は柄鏡式の出現から地下式
横穴墓による在地勢力の台頭をへて首長墓は鬼の窟古墳で終焉する

1 ある測量図

　考古学の黎明期，数奇な運命をたどった"謎"の測量士がいる。

　単に「測量士」の枠に閉じこめるべきではないかもしれないが，ともかく卓越した測量技術で，京都帝国大学の浜田耕作，梅原末治らに重宝がられ，ことに宮崎県下の代表的な古墳群の実測図を作成した。

　原田仁，やがて罪を得て獄に繋がれることになるが，彼は，収容された宮崎刑務所内で古墳時代の集落跡の存在を確認する。1977年から宮崎市教育委員会の手で発掘調査された「浄土江遺跡」がそれである。

　西都原古墳群の墳形を語るとき，原田仁の作成した測量図を採用するしか他に，私たちは資料を持ち合わせていない。いま，その測量図を見ながら，謎の「測量士」の波乱の生涯にも強く惹かれるものを感じている。

2 西都原古墳群3つの謎

　国指定特別史跡西都原古墳群は，宮崎県西都市の一ツ瀬川右岸の台地上に位置し，全国最初の「風土記の丘」として整備された。陵墓参考地である男狭穂塚，女狭穂塚を含め指定台帳上の総数は311基，その内訳は前方後円墳31基，円墳279基，方墳1基である。ただ，それらは一括して扱われるものではなく，台地面として標高70m，60m，20m，そして沖積地に分布する古墳群に分けることが出来る。

　今，私たちが，西都原古墳群について知り得る史資料は，大正年間の前方後円墳6基，円墳23基，方墳1基について実施された発掘調査の成果[1]と，断片的に発見，発掘調査されている地下式横穴墓の資料，そして先の測量図[2]が，ほとんどすべてといってよい。

　西都原古墳群の開始期は，4世紀後半のいずれかの時期にあると見られるが，その一点は，仿製三角縁神獣鏡を出土した前方後円墳13号墳にある。このいわゆる「柄鏡式」前方後円墳は，中心的には標高60mの台地縁辺に量産される。こうした前方後円墳の量産は，西都原古墳群が単系列の首長墓として形成されたものではなく，複数系列の首長墓として形成された結果として理解される[3]が，その後5世紀前半までの墳形の変化を示す前方後円墳は見られず，典型的には女狭穂塚に，飛躍的に発展するという展開を示している。一つの謎は，これらの柄鏡式前方後円墳をどのように位

図1　西都原古墳群中心部における分布・変遷概念図

置付けるかにある。

　次に、男狭穂塚、女狭穂塚の謎である。女狭穂塚は、墳長177m、後円部径97m、前方部幅109m、楯形の周濠を持つ、定型的な九州一の規模の前方後円墳として、異論のないところである。それに対し男狭穂塚は、前方部の形状が不整形で墳形について諸説がある。柄鏡式の前方部が女狭穂塚によって破壊されたため、不整形を呈する。また、巨大な円墳、造り出し付き円墳、帆立貝形の前方後円墳などであるが、陵墓参考地のため、試掘調査などで墳形を確認することも出来ず、いずれも推論の域を出ない。しかし、一定の了解として、男狭穂塚が先行し、女狭穂塚が後出すると見られていた。

　そして、西都原古墳群のみならず南九州において問題とされる、地下式横穴墓の墳丘の謎がある。西都原古墳群においては、5世紀後半に地下式横穴墓が出現するが、その時期はまた、西都原古墳群において前方後円墳の築造が途絶える時期でもある。

3　柄鏡式前方後円墳の謎

　西都原古墳群の柄鏡式前方後円墳は、1・13・35・46・56・72・81・83・88・90～92・95・99・100・109号墳など、極端に言えば前方後円墳の大半がこの形式をとる。

　全国的な柄鏡式前方後円墳の典型は、4世紀中頃の築造とされる奈良県桜井茶臼山古墳に求められる。墳長207m、後円部径110m、前方部幅61m、前方部と後円部の比高差5mの規模を持つ。

　これと西都原古墳群の13号墳を比較してみると、13号墳は、墳長80m、後円部径45m、前方部幅26m、比高差3.3mである。規模のみからみれば、桜井茶臼山古墳を1として1：0.39～0.4の比率でほぼ近い規格に納まるとみえる。ただ、13号墳の前方部幅が、やや広い点や前方部の長さに時期的な後出を認めたとして、前方部と後円部の比高差が極端に低平であることは指摘できる。

　問題は、こうした柄鏡式前方後円墳のいずれかに桜井茶臼山古墳に後続する時期を与え、量産の訳を、2～4世代の間、複数系列の首長墓として形成されたことで理解したとして、5世紀を前後する時期まで、何故大きな墳形上の形式変化を示すことがなかったのかである。

4　男狭穂塚・女狭穂塚の謎

　西都原古墳群の定点として、評価し得るのは、女狭穂塚の墳形である。先頃、網干善教氏は、「履中陵」「応神陵」との墳形企画の一致を指摘した[4]。それは、墳丘および周濠が、「履中陵」などの2分の1に女狭穂塚が設計され、築造されたとするものである。

　また、盗掘にあった女狭穂塚の埴輪が発表され[5]、川西宏幸編年[6]のⅢ期に当たる特徴を持ち、それにより5世紀前半の時期を与えることが妥当となった。

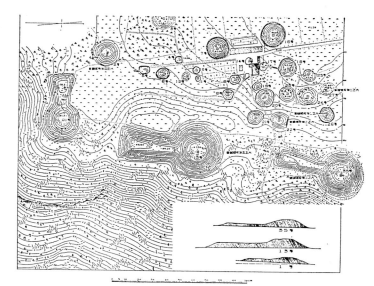

図2　柄鏡式前方後円墳（左より1・13・35号墳）**実測図**（註2より）
極端に細く低平な前方部をもつ前方後円墳もあり、それらは地域的変容を受けた結果と考えられる。ただ前方部と後円部の比高差は1m内外と3m内外に分けることができ、時期差を認めるわずかな手掛りである。

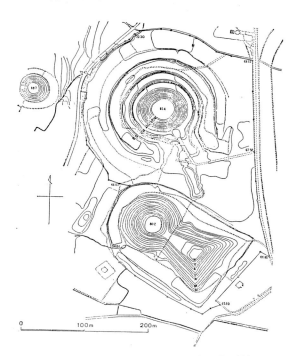

図3　男狭穂塚・女狭穂塚実測図（末永雅雄『古墳の航空大観』1975より）
女狭穂塚は3段築成で造出をもつ定型的な前方後円墳。それに対し男狭穂塚は、径128mの3段築成の「後円部」をもつが、「前方部」の形状が何とも不安定である。いずれの墳形をとるとしても、周濠の一部を女狭穂塚の存在が干渉していると見られるが、現在細長く延びた「前方部」の一部は、後世の攪乱としてほぼ認められている。

こうしたことから、女狭穂塚は少なくとも、5世紀中頃までの時期に築造されたとみなしうることになる。

それに対し、男狭穂塚は謎に包まれている。先の網干氏は、後円部の大きさが「応神陵」の2分の1に企画されている点を指摘しつつ、未完成の古墳ではないかとの見解も示している。柄鏡式か、帆立貝形か、未完成か、破壊された結果か、現在そのどちらとも決する資料はない。しかし、いずれにしても前方部とみられる部分が、整った形を示していない、ことだけは事実である。

そして、女狭穂塚と男狭穂塚が近接した時期の所産であることは、おおむね疑いのないところであるが、その先後関係については、幾つか疑問を挟む「囁き」が生まれている。

実際、男狭穂塚を先とする時、従来説かれていた柄鏡式前方後円墳を破壊して女狭穂塚を築造したとするには、先行する古墳の破壊例がないわけではないが、その間に生じた政治的・社会的混乱を証明する必要があるし、また、未完成の古墳としても、女狭穂塚を見事な企画で完成させる力がありながら、男狭穂塚を未完成のまま放置させたとするには、それなりの説得力のある答えが必要である。

しかし、男狭穂塚を後出するものとみれば、女狭穂塚を完成させる企画力を前提として、筋立てとして理解し得る点がある。

まず、後出するものであれば、形式的に男狭穂塚が柄鏡式である可能性は消える。また、先行する古墳に規制される例はあるとしても、男狭穂塚を女狭穂塚同様の前方後円墳として築造しはじめ、中断したとは、周囲に広く残された土地と設計力からいって考えにくい。そうみれば、男狭穂塚の周濠の残存状態から見て、帆立貝形ではないかとする見方が生まれてくるし、女狭穂塚との位置関係からも帆立貝形として企画された蓋然性は高いと言える。さらに、それでも整った形をしていないことからすれば、未完成の古墳との見方も生かされることになる。

そして、男狭穂塚以降、西都原古墳群には、おおよそ1世紀に及び前方後円墳築造については、

空白期が生じている。先行する男狭穂塚を未完成のままに放置し、女狭穂塚を完成させたとするより、男狭穂塚の築造が途中で放棄され、その後空白の時期を迎えると考えた方が、そこに何があったのかは問題としても、論理的には無理がない。

いずれ、男狭穂塚の築造時期について語り得る史資料は公開されるであろうが、現在以上のように考えておいても大きな齟齬は生じないであろう。

5 地下式横穴墓の墳丘の謎

西都原古墳群においてはこれまで、10基を超える地下式横穴墓が発見、発掘調査されている。地下式横穴墓は、その遺構の性格上偶然発見されることが多く、実際西都原古墳群内にどの程度の地下式横穴墓が存在するか明らかではない。

その中で4号地下式横穴墓は、玄室規模、副葬品の内容から、代表的な地下式横穴墓の一つとしての評価を得ている。玄室規模、長さ5m、幅2.3m、さながら横穴式石室である。副葬品には、横矧板鋲留短甲2、横矧板革綴短甲1、珠文鏡1、直刀5、勾玉など装飾品類、そして金銅製装身具の断片などがあり、それまでの地下式横穴墓の副葬品が貧相であるとの見解の修正を迫る資料となった。

この地下式横穴墓は、墳丘番号では円墳111号墳の墳端部に竪坑入口をもち、墳丘中心に向かって玄室が造られている。墳丘中に他に埋葬主体部が存在するかは確認されていないが、素直には111号墳は、4号地下式横穴墓の墳丘とみなされる。

西都原古墳群においては、南北2群に群集する円墳群が存在するが、その多くは地下式横穴墓の墳丘である可能性がある。はたして、墳丘中に埋葬施設は存在しないのか、墳丘を持つ地下式横穴墓の位置付けは何か、など課題は残されている。

また、円墳については、女狭穂塚、男狭穂塚に近接し有名な子持家形埴輪、舟形埴輪を出土した飯盛塚（169号墳）が、文字どおり墳丘の高さ7mの土饅頭状を呈するのに対し、隣接する雑掌塚（170号墳）は極端に低平な形状を持つなど、こうした円墳の形状の差異も注目されるところである。

そして、西都原古墳群の首長墓の終末は、鬼の窟古墳に求められるが、それは奈良県石舞台古墳の円墳版で、横穴式石室を持ち周囲に土塁をめぐらせる特異な存在である。

6 謎解きにかえて

西都原古墳群の築造変遷は、柄鏡式前方後円墳の複数系列の首長墓から、女狭穂塚・男狭穂塚への統一、そして空白期、それに対応するかのように一ツ瀬川を挟む左岸の新田原古墳群が盛行し、6世紀後半に姫塚（202号墳）、舟塚（265号墳）の2系列の首長墓として再興され、そして鬼の窟古墳の首長墓の終末として描くことが出来る。

こうした変遷を、畿内との関わりを含め推定すれば、柄鏡式前方後円墳の日向の地への出現は、4世紀中頃以降にあり、その後2～4世代の間、畿内との関係は、希薄ないしはルーズで、そのため在地的変容を受けた柄鏡式前方後円墳が量産されたと見られる。

そして、女狭穂塚の成立は、全国的な動向と軌を一にすることでもあるが、5世紀中頃までの間に、畿内と強力な関係が結ばれた結果と理解される。『記・紀』に現われる髪長姫など大王と婚姻関係を結ぶ逸話は、こうした背景を持つものである可能性はある。

しかし、九州においてはのちの磐井の反乱に象徴される歴史の軋轢に対応し、男狭穂塚の築造は放棄された。同時に、西都原古墳群のなかに地下式横穴墓が出現し、日向の地においても社会的に大きな変化が生じたことをしらせている。墳丘を持つ地下式横穴墓の存在は、在地勢力の一定の台頭とみられる。その後、2系列の首長墓としての再興も束の間、前方後円墳の象徴性は失われ、鬼の窟古墳で首長墓の形成は終焉を迎えることになるのである。

註
1) 黒板勝美ほか『宮崎県西都原古墳調査報告書』西都原古墳研究所、復刻版、1983
2) 浜田耕作・原田 仁「西都原古墳の調査」日本古文化研究所報告、第十、1940
3) 北郷泰道「南部（宮崎・鹿児島）」『古墳時代の研究』10、雄山閣出版、1990
4) 網干善教「古墳築造よりみた畿内と日向」関西大学考古学等資料室紀要、2、1985
5) 福尾正彦「女狭穂塚陵墓参考地出土の埴輪」書陵部紀要、36、1985
6) 川西宏幸「円筒埴輪総論」考古学雑誌、64—2、1978

大和（おおやまと）古墳群

天理大学教授
■ 置田雅昭
（おきた・まさあき）

前方後円墳13基，前方後方墳5基からなる大和古墳群は弥生の伝統的
墳墓形態を備えており，これは大和の初期古墳の特質ともなっている

通常，大和をヤマトと読むが，天理市新泉町所在の式内社大和神社はオオヤマト神社と称する。大和は古くは大倭と書き，オヤマトと読んだ。大和の中心の意で，大和盆地東南部の地域と考えられている。

盆地東南部には主として前期の前方後円墳が多数点在するが，それらは南から纒向，柳本，大和の3群に分かたれる。各古墳群の広さと，前方後円墳の数，主要古墳は表1の通りである。こうした古墳群の分割は地形などによる便宜的なものであるが，各古墳群を検討することにより，これらを築いた勢力の盛衰を描きだすことができよう。出現期の古墳を年代づけるうえで重要な特殊器台形埴輪をだす当該地域の古墳は，箸墓古墳，波多子塚古墳，西殿塚古墳，東殿塚古墳，中山大塚古墳，馬口山古墳で，箸墓古墳のほかはいずれも大和古墳群に属する。従来，出現期の前方後円墳については纒向古墳群中の箸墓古墳，石塚古墳が注目されてきたが，大和古墳群もまた重要な資料を提供している。ただ，大和古墳群ではほとんど発掘調査が行なわれたことがないため，採集資料と現状の墳形によって検討するほかない。以下，関連資料との比較によりこれを補い，大和古墳群を中心にして前方後円（方）墳の諸相を分析し，その特質を明らかにする。

1 大和古墳群の現状

南と北を小さな谷で，東は春日断層崖で区画された，標高60〜140mの傾斜地に位置する。古墳群の広がりは南北1100m，東西1400mの範囲で，前方後円墳13基，前方後方墳5基が散在する。上記の範囲にあって古墳の分布が南東部に密集し，

西部では希薄な傾向がみられる。しかし，西部地域は緩やかな傾斜地で，後の時代の土地改変により消滅した古墳の存在が予想され，分布密度で何かを論ずることはできない。ただ，南東地域は丘陵地で，地形を巧みに利用して築造したことをみることができるが，北部ならびに西部は緩やかな傾斜地で墳丘の築造には基盤から盛り土しなければならなかったことが知られよう。

各古墳の主軸をみると，地形に規制され，前方部を南西に向けた小岳寺塚古墳を除けば，いずれもが南北または東西であるのが注目される。また，南北主軸の古墳のうち西山塚古墳のほかはいずれもが南向きであり，東西主軸の古墳はいずれも前方部が西向きである。周濠についてみると，西山塚古墳には濠が認められるが，他の古墳には明瞭な濠がない。波多子塚古墳，馬口山古墳では墳丘に接してため池があり，これを濠の一部とみる見解もあるが，ため池でない部分に濠の痕跡をみることができないから，なかったと考える。また，濠の痕跡とされるヒエ塚古墳の現状は箸墓古墳の周辺にみられる馬蹄形区画と同じ施設で，濠の痕跡ではないと思われる。下池山古墳については墳丘の西と東にため池があり，北には幅18mのくぼ地がみられる。濠の可能性があるが，先の区画と同じような施設かも知れない。

埴輪はさきに掲げた5基の古墳から，特殊器台形埴輪が出土し，燈籠山古墳と西山塚古墳で円筒埴輪などが確認されているが，星塚古墳，マバカ古墳では埴輪が採集されていない。燈籠山古墳などの埴輪は前期のものであるが，西山塚古墳の埴輪は中期の特徴を示している。このようにみると前方部北向きで，濠をもつ西山塚古墳は大和古墳群で特異な存在で，他の古墳には共通性がみられる。一般に大和の前方後円墳で埴輪のない古墳は前期の古い段階か，後期の新しい段階に限られる

表1 大和東南部の古墳群

古墳群名	主な行政区画	広さ（単位m）	前方後円（方）墳数	主な古墳
纒向古墳群	桜井市箸中，東田，太田	1000×1800	7　（0）	箸墓，石塚，矢塚
柳本古墳群	天理市柳本，渋谷	1300×1300	13　（0）	向山，行燈山，天神山
大和古墳群	天理市萱生，成願寺	1100×1400	13　（5）	西・東殿塚，下池山

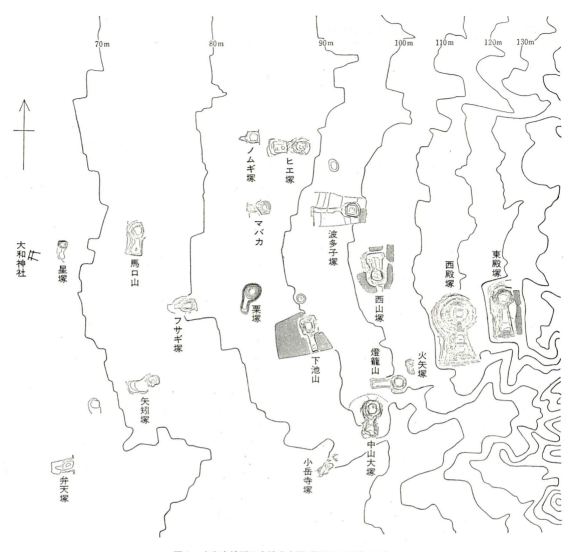

図1 大和古墳群の古墳分布図（縮尺1,200分の1）

から，西山塚古墳を除くと大和古墳群は古墳時代前期と推定してよいであろう。

2 前方後円墳の諸相

かつて狭長な前方部をもった柄鏡式前方後円墳が古式古墳の特徴を示すとされ，最近では前方部の側面がカーヴをもって撥形に開く前方後円墳を最古段階の古墳と位置づけている。これらは主として前方後円墳の平面を重視した分類であるが，細かく検討すると柄鏡式前方後円墳も一様ではない。たとえば，宮崎県西都原の柄鏡塚（90号墳）は正円の後円部に長方形の前方部を備えたものであるが，奈良県桜井茶臼山古墳は楕円形の後円部に狭長な長方形の前方部が付く。撥形前方部の古墳は立体的な構造を含めて検討すると，やはり細部に違いがある。撥形前方後円墳の代表例である箸墓古墳は4段築成の後円部に円丘を載せ，前方部側面には段築がない。また，前方部頂は先端に向かってせり上がる特徴をもつ。撥形前方部をもった纒向石塚古墳は平面形しかわからないが，後円部が主軸に直行する楕円形で箸墓古墳とは異なる。墳丘の崩落が激しいが，やはり撥形前方部とされる京都府椿井大塚山古墳は，後円部が主軸に長い楕円形である。

一方，前方後方墳では京都府元稲荷古墳は，ほぼ正方形の主丘に側面が直線の台形の前方部を付設したものである。また，岡山県備前車塚古墳はわずかながら台形の主丘に撥形の前方部がつく。

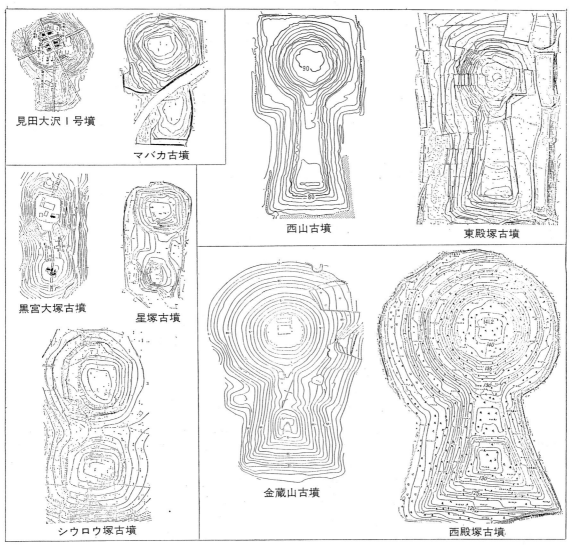

図2 各種の墳形（縮尺不同）

ともに2段築成である。

このように出現期とそれに続く古墳を見ると，箸墓古墳が示すように，まず，完成した形で前方後円墳が出現するが，その形が必ずしも次代に継承されていないことがわかる。

3 大和古墳群の検討

以下，大和古墳群を対象にして，問題となる主要な古墳の墳形を観察していく。なお，各古墳の大きさなどは表2に掲げる。

西殿塚古墳 この古墳は前方部のカーヴが箸墓古墳ほど顕著でないから，撥形前方部の古墳には加えられていない。3段築成で，前方部側面に段をもつ点で箸墓古墳とは異なるし，後円部と前方部頂に一辺が20ないし25m，高さ約2mの方形の壇を作るのが大きな特徴である。前方部に方形の壇をもつ例は岡山県金蔵山古墳に知られる。金蔵山古墳では前方部側面が直線に開き，西殿塚古墳との違いがみられるが，これは単に時期差にすぎない。いずれにせよ前方部の方形の壇はここにも埋葬施設のあることを示している。

馬口山古墳 撥形前方部の古墳とされており，墳丘西側にその状況を読みとることができる。後円部は正円形をなすが，段築の有無がわからない。墳丘西側のくびれ部に造り出しがあるとする見解があるが，これは開墾のために多量の土砂を引きおろしたため，くびれ部が張り出して見えるものと思われる。

燈籠山古墳　ほぼ正円の後円部に，側面が直線状に開く前方部をもった古墳である。現状の石垣などから判断すると，墳丘は3段築成であったと判断される。

ヒエ塚古墳　ほぼ正円の後円部に，側面が直線状に開く台形の前方部が付く。現状の石垣などから判断すると，墳丘は3段築成であったと判断される。墳丘の回りに幅約2mの平面盾形の区画がみられる。

波多子塚古墳　台形の後方部に，後方部の約2倍の長さの前方部をもつ。前方部が狭長であるが，高さは約1.5mと低い。墳丘の周囲に幅100m，長さ200mの台形の区画がみられる。後円部がいびつなこととともに出現期の古墳の特徴を示す。後方部とくびれ部近くから特殊器台形埴輪が採集されている。なお，地元の人が語るところでは前方部前端近くの地下約60cmに板石を使った何らかの施設があるらしい。

下池山古墳　ほぼ正方形の後方部に，狭長な前方部が付属したものである。前方部は長方形で前方部は開かないが，前端が約2m小高くなる。これが方形壇の痕跡かどうかは墳丘の改変が大きくわからない。正方形の後方部は元稲荷古墳にみられ，長方形の前方部は桜井茶臼山古墳に共通する。

中山大塚古墳　主丘が角張った円形で，頂部に同形の壇が乗る。前方部側面が直線状に開き，前端寄りが約2m高くなる。方形壇の名残であろうか。主丘と前方部の付け根に幅13m，長さ10mの壇があり，主丘中位での平面は帆立貝形をなす。同様の墳形を知らない。この古墳の特色は主丘の背後に陸橋状の突出があること，前方部側面に平面三角形の低い張り出しを付設すること，帆立貝形の後円部頂である。突出部の祖形が岡山県楯築墳丘墓にあるのは周知の通りで，中山大塚古墳を経て，奈良県櫛山古墳のような双方中円墳として完成する。突出部と張り出しの双方をもつ古墳は奈良県赤土山古墳にみることができる。赤土山古墳は主丘が長方形を隅切りした形で，中山大塚古墳に類似する。2つの古墳は突出部と張り出し部の付属，変形した主丘など共通する部分が多い。

マバカ古墳　平面方形の主丘の角から前方部がのびる形である。主丘の等高線と石垣の現状からの復原であるが，奈良県見田大沢1号墳の発掘例がなかったら，想定困難な形である。見田大沢1号墳は方形の主丘が地形の制約を受けたもので，これに突出部が派生したとされ，前方後円（方）墳とはみなされていない。しかし，マバカ古墳は制約を受けるような地形にはないから，見田大沢1号墳も当初からこうした墳形を意図して築いたものと推定できる。

東殿塚古墳　墳丘の改変が著しいため本来の形がわかりにくいが，奈良県西山古墳を参考にすれば前方後方形の基壇に前方円形が重なった形に復原できよう。すなわち，北と西にみられる直線状の石垣は基壇の形を反映しており，その石垣の一辺が西山古墳の基壇の長さに等しい90mであるのも偶然ではないだろう。墳丘東側では前方後方形を読みとれないが，これは盆地からみて背後になるから省略したのであろう。なお，後円部頂上に円形の壇があったとする意見があり，特殊器台形埴輪の他に，朝顔形埴輪，鰭付埴輪，壺形土器が採集されている。

ノムギ塚とフサギ塚　ノムギ塚は前方後円墳，フサギ塚は前方後方墳とされている。ともに墳丘の破壊が著しいが，前方部がとくに低く，短いのが注意される。これが後世の破壊によるものか判断できないが，造出し付きの円墳，あるいは方墳の可能性もあるだろう。

星塚古墳　前方後方墳かとされてきた。2つの方丘が低い陸橋で連接した形である。置田はさきにこの古墳には埴輪がみられないこと，墳丘が特異な形であることを理由に古墳とは認めがたいと書いたが，その後に実測図が発表され，柳本古墳群中のシウロウ塚古墳が同じ形で，埴輪の認められることが判明した。ともに発掘されていないため2つの方丘が単に連接したにすぎないようにも見えるが，星塚古墳は長方形の壇の上に築かれているから2つの方丘は一体のものとみなされる。

星塚古墳に類似した墳形は岡山県黒宮大塚弥生墳丘墓に見ることができる。黒宮大塚は，長方形墳，あるいは前方後方形などとされているが，大小2つの方形墓が連接したものである。主丘は長辺が約30m，高さ約4mの長方形墓で，他は一辺約20m，高さ1m余の方形墓からなる。大小の双方に埋葬施設があり，連接部分から多数の高杯，壺，特殊器台が出土するから，2つの墓が一体のものとみなされる。

なお，シウロウ塚は前方後円墳とされているが，くびれ部に当たる部分が低くなる。また，円丘東の丘陵の切断部が直線であるから，方丘とも

みなされる。2つの方丘には黒宮大塚のようにともに埋葬施設があるのであろう。

以上のようにみてくると、大和古墳群には各種の前方後円形状、前方後方墳形状の古墳があって、前方部側面が直線で、前端に開く前方後円墳はヒエ塚古墳、燈籠山古墳をしるにすぎない。なお、前方部側面が直線、3段築成、後円部が正円の佐紀御陵山古墳をもって定型化した前方後円墳とする白石太一郎氏の定義があるが、これに従えば、大和古墳群の大部分が定型化前の古い型式を残していることがわかる。

ところで、西殿塚古墳は頂部の方形の壇が弥生時代以来の台状墓あるいは方形周溝墓といった方形墓であって、前方後円墳と合体して特異な形態が生まれたものとみなされる。すなわち、ここでは前方後円形が単に方形墓を載せるための壇にすぎないということである。とくに、本来祭儀を行なうべき前方部に方形の壇を作ることはよりその感を強くする。

星塚古墳の祖形が黒宮大塚であることはほぼ疑いないであろう。次に問題は星塚古墳と、西殿塚古墳の2つの方形墓との類似と相違である。方形墓が連接する点では類似するが、2つはほぼ同大で、星塚古墳、黒宮大塚古墳の大小よりなるのとは異なる。したがって、星塚古墳は西殿塚古墳の頂部の構造を平地に移したものではなく、黒宮大塚墳丘墓から生み出されたものと思われる。前期の埴輪を出すシウロウ塚古墳はその墳形がさらに発達したものである。西殿塚古墳は弥生時代以来の伝統的な墳墓形態の方形の墓を後円部と前方部にとりいれたが、星塚古墳は前方後円墳を築き得る階層ではなかったために、弥生時代以来の伝統的墓制を採用したとみなされる。しかし、星塚古墳は墳丘墓と異なり、高い墳丘を築いた。ここに前方後円墳の影響を見ることができる。

最古の前方後方墳は元稲荷古墳としてよいであろう。しかし、正方形の後方部と台形の前方部をもった古墳は大和古墳群に認められない。弥生時代の方形周溝墓、台状墓は一般に不整形であり、波多子塚古墳のような不整形な後方部は弥生時代の残影とみなされる。波多子塚古墳の長い前方部の形がどこから生まれるのか未だ究明できないでいる。問題は前方部先端にも埋葬施設があるらしいことである。前方部に埋葬施設があるとすれば、星塚古墳との関連も考えられよう。

東殿塚古墳の墳形については想像が多いが、西山古墳を参考にすれば容認できるのではないだろうか。元稲荷古墳を検討することにより、古墳時代の出現期に正方形の主丘の存在をしることができる。つまり、箸墓古墳の正円と、元稲荷古墳の正方形が合体したのが東殿塚古墳の姿である。東殿塚古墳は前方部の側面の直線化から定型化した古墳時代のものと位置づけられるし、元稲荷古墳より簡略化した特殊器台形埴輪とその他の円筒埴輪が伴うから、埴輪編年の上からも後出することが確かめられる。

一方、中山大塚古墳のように主丘の背後に突出部を作るのは、先に述べたとおり弥生時代以来の伝統を保持しているからである。この場合も2方向の突出部の一方だけを高く作り、他方を高く作らないのは前方後円墳との融合の結果であって、中山大塚古墳の墳丘形態は楯築型の墳丘墓が自制的に発達した姿とは考えにくい。主丘が長方形であるが、兵庫県養久山5号墓は2方向に突出部をもつ弥生時代のものである。したがって、中山大塚古墳の祖形は中部瀬戸内地方に求められよう。そして、中山大塚古墳の張り出し部については、赤土山古墳と同じく陪葬墓の可能性がある。

このようにみてくると、マバカ古墳もまた弥生時代の墳墓形態を保持していることがわかる。すなわち、山陰地方から北陸に分布する四隅突出墓との類似である。四隅突出の三方の突出が消滅し、一つの突出部だけが高くなるのは前方後円墳と四隅突出墓との融合した姿とみなされる。

ノムギ塚、フサギ塚の短い前方部はこれが中期の古墳であることを示すのか、前期から帆立貝式、造り出し付き古墳が認められるのかが問題である。先に、中山大塚古墳の後円部中位での平面形が帆立貝形になることを述べたが、これは短い突出部のついた円墳ないし方墳が古墳時代前期から認められる可能性を示唆している。

4 まとめ

大和古墳群を検討することにより、前方後円墳のなかに弥生時代の伝統的墳墓形態が見られることを明らかにしえたと思う。伝統的墳墓形態は畿内の方形周溝墓、中部瀬戸内地方の墳丘墓、日本海側の四隅突出墓と前方後円墳が融合した姿と見ることができる。これが大和の初期の古墳の特質である。

大和古墳群の年代的な位置は箸墓古墳の築造よりおくれ，箸墓古墳群の時期とは一時期平行するらしい。一方，柳本古墳群は渋谷向山古墳，行燈山古墳など正円の後円部に台形に開く前方部の古墳が主体を占める。渋谷向山古墳，行燈山古墳はともに４段築成であり，定型化直前の前方後円墳である。柳本古墳群は埴輪などからして，大和古墳群とは一部同時期ながら後出の古墳群とみなされる。すなわち，箸墓古墳によって前方後円墳という新しい墓制が創出されたが，大和古墳群では伝統的墓制と新しい墓制が融合した前方後円（方）墳の時代を経て，柳本古墳群で定型化した前方後円墳の原型ができあがったということである。

箸墓古墳にみる前方後円形がどのようにして成立するのかわからないが，スタジアムを思わせるせり上がった前方部は葬送儀礼に参列する人々の姿を想像させる。そして，後円部の大きな円丘は埋葬施設がひとつであり，絶対権力者の存在を伺わせる。これに対し，西殿塚古墳も当初は後円部の被葬者のために築かれたのかも知れない。しかし，前方部にも埋葬施設を作ったのは，前方後円墳に弥生時代以来の家族墓の性格が残影していることを示している。前方後円墳が再び絶対権力者の地位を確保するのは，その後のことである。３つの古墳群には各々特性があり，大和東西部において，１つの政治勢力が墓域を違えて古墳群を形成したのではなく，この間には勢力の交代があったと見るのが妥当であろう。

註

従来の前方後円（方）墳の規定では包括できない墳形があることを述べた。これを〇〇型前方後円墳などと呼びたいが，発掘で確認できていない部分が多いので後の検討にゆだねる。なお，本稿は橿原考古学研究所編1981文献に負うところが多い。文末ながら，多忙のなか討論の相手になって頂いた西谷真治，金関恕両先生に謝意を表す。

主な参考並びに図引用文献

置田雅昭「大和の前方後方墳」考古学雑誌，59—4，1974

笠野　毅ほか「大市墓の墳丘調査」書陵部紀要，40，1989

橿原考古学研究所編「磯城・磐余地域の前方後円墳」『奈良県史跡名勝天然記念物調査報告』42冊，1981

橿原考古学研究所編「見田大沢古墳群」『奈良県史跡名勝天然記念物調査報告』44冊，1982

考古博物館有史会編『奈良県の主要古墳』1971

近藤喬一ほか「京都向日丘陵の前期古墳群の調査」史林，54—6，1971

近藤義郎「前方後円墳の誕生」『岩波講座日本の考古学』6，1986

近藤義郎ほか『養久山墳墓群』1985

桜井市教育委員会編『纒向石塚古墳範囲確認調査第4次概報』1989

白石太一郎「古墳の周濠」『角田文衛博士古稀記念古代学論叢』1983

白石太一郎ほか「箸墓古墳の再検討」『国立歴史民俗博物館研究報告』第3集，1984

末永雅雄『日本の古墳』1961

田中新史「奈良盆地東縁の大形前方後円墳に関する新知見」古代，88，1989

天理市教育委員会編『赤土山古墳第3次範囲確認調査概報』1991

寺沢　薫「纒向型前方後円墳の築造」『同志社大学考古学シリーズ』Ⅳ，1988

中村一郎ほか「大市墓の出土品」書陵部紀要，27，1976

奈良県教育委員会編『奈良県の主要古墳』Ⅱ，1974

西谷真治『元稲荷古墳』1985

西谷真治「金蔵山古墳」『倉敷考古館研究報告』第1冊，1989

福尾正彦「衾田陵の墳丘調査」書陵部紀要，42，1991

間壁忠彦「岡山県真備町黒宮大塚古墳」倉敷考古館研究集報，13，1977

表2　大和古墳群主要古墳一覧

古墳名	墳形	全長	主体部	遺物	その他
弁天塚古墳	前方後円墳か	70	不明	弥生土器など	墳丘の崩壊甚大
矢塚古墳	前方後円墳	102	不明	玉類	西100mに小円墳
星塚古墳	前方後方墳か	60	不明	なし	
馬口山古墳	前方後円墳	110	不明	特殊器台形埴輪	ため池は濠か
フサギ塚古墳	前方後方墳	110	不明	なし	南くびれ部発掘
ノムギ塚古墳	前方後円墳	63	不明	なし	
ヒエ塚古墳	前方後円墳	125	不明	埴輪	葺石あり
マバカ古墳	前方後円墳	74	板石あり		
波多子塚古墳	前方後方墳	140	竪穴式石室か	特殊器台形埴輪	前方部に構築物
粟塚古墳	前方後円墳	70	不明	土器，管玉	前方部崩壊
下池山古墳	前方後円墳	120	竪穴式石室	鉄刀，勾玉，朱	埴輪ありという
西山塚古墳	前方後円墳	114	不明	埴輪馬か	中期古墳
火矢塚古墳	前方後円墳	49	不明	なし	
燈籠山古墳	前方後円墳	110	不明	埴製枕，石釧，勾玉，管玉，円筒埴輪	
中山大塚古墳	前方後円墳	120	竪穴式石室	特殊器台形埴輪	葺石
小岳寺塚古墳	前方後円墳	45	不明	なし	前方部崩壊甚大
西殿塚古墳	前方後円墳	219	不明	特殊器台形埴輪	
東殿塚古墳	前方後方墳か	139	竪穴式石室か	壺，特殊器台形埴輪，鰭付円筒埴輪，朝顔形埴輪	

上野・下野地域の古墳群

群馬県埋蔵文化財調査事業団
右 島 和 夫
（みぎしま・かずお）

6世紀から7世紀にかけての墳丘形式は隣接する上野，下野地域の間でも微妙な差異を示しており，決して同一ではなかった

東国の古墳について，それを墳丘の形から見ていった場合，時代の展開とともに大きく変化を遂げていっていることがよくわかる。その変化の過程は，この時代の中心的な位置を一貫して占めていた近畿地方のそれに敏感に反応したものであったことは言うまでもない。と同時に，これとは異なり，各時期における地域の実情を微妙に反映している点も読み取ることができる。逆に，両者の相違点を見いだすことにより，東国の地域性の把握につなげて行くことも可能かと思われる。

本稿では，現在の群馬県，栃木県の地域の古墳を通してこのことを具体的に考えてみることにしたい。

1 初期群集墳と墳形

近年の遺跡の発掘調査は，研究の進展とともにその対象地を広げ，これまでは行なわれなかったような場所についても広く実施されるようになってきた。その結果，従来の考古学上の一般的理解についても，さまざまな側面で修正の必要が出て来ている。

群集墳研究もそのような分野の一つであろう。上野の地域では，最近の調査の中で5世紀後半から6世紀前半にかけての時期に形成された群集墳の事例が非常な数にのぼってきている。代表的な古墳群のいくつかについて紹介し，その特徴を見てみよう。

（1） 下淵名古墳群[1]

群馬県東部の佐波郡境町に位置する。沖積地に面する低台地の縁辺に形成された古墳群で，13基の中小の円墳からなる。古墳は特定の範囲に集中しており，調査で発見されたもの以外には，その東側に5〜6基加わる程度と推定される。

墳丘の規模からみると，周堀の内側の掘り込み面を基準にして，径10m前後のもの4基，15ないし20m前後のもの6基，25ないし30m前後のもの2基と37mの最大のもの1基から構成されている。現在は墳丘を全く失っているが，築造当時も低墳丘であったことが，堀の幅・深さから推測される。この他に，周堀を持たないことから，墳丘を伴わないことが推測される土壙墓，小石槨墓が古墳と古墳の間を埋めるように5基確認されている。

主体部の確認できたのは8号古墳のみで，箱式石棺状の竪穴式小石槨である。おそらく，その他の古墳も同様の形式であったことが推測される。

これら13基中の6基には埴輪列を伴うことが確認された。埴輪の有無は墳丘規模の大小にほぼ対応している。墳丘規模の大小とともに埴輪の有無により差異を表現しようとしている意図を読み取ることができよう。

5基の古墳の周堀内の覆土中からは6世紀初頭の降下が推定されている榛名山の火山灰層（FA）が確認された。また，7号古墳出土の須恵器蓋坏は陶邑古窯跡群のTK47の型式的特徴を備えるも

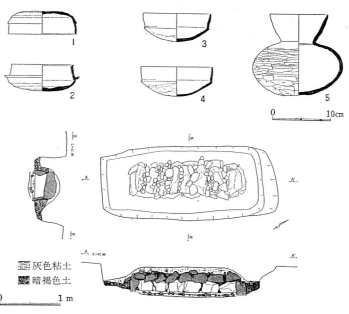

図1 下淵名7号墳出土土器・8号墳主体部（註1より）

のであった。出土埴輪のうちの一部には客体的に
Ｂ種横ハケが認められ，半円形の透孔と口縁部外
面への赤色顔料の塗彩が注意される。これらの諸
特徴は，古墳群の形成が５世紀後半から末葉にか
けてを中心とした，ごく短期間になされたもので
あったことを示している。

（2）　白藤古墳群[2]

　赤城山南麓の勢多郡粕川村の南下がりの緩傾斜
面に位置している。52基の古墳が調査された。そ
のうち，前期の方形周溝墓が９基，７世紀代の横
穴式石室墳が７基で，残りの36基が５世紀後半か
ら６世紀前半にかけてのものである。大きく三時
期のものから構成されているが，各時期の間に空
白があり，時期的に継続しないことがわかる。

　36基の古墳はすべて円墳であり，適当なブロッ
クをなしながら，額を寄せ合うように近接して築
造されていた。幅の狭い堀が全周しており，低墳
丘であったことがわかる。墳丘の規模から，径10
ｍ前後のもの６基，15ｍ前後のもの18基，20ｍ前
後のもの７基，それ以上のもの５基で，最大は24
ｍである。これらの古墳のうち14基に埴輪が伴っ
ていた。墳丘規模との関係で見ると，15ｍ前後の
もので２基，20ｍ前後のもので７基，それ以上の
もので５基に伴っていた。埴輪の有無が墳丘規模

の大小に明確に対応していることがわかる。

　主体部の確認されたものは，土壙が１基，竪穴
式小石槨が８基である。確認されなかったものも
同様の形式であったとして間違いないであろう。

　本古墳群の場合も，古墳と古墳の間から，墳丘
を伴わない土壙墓３基と小石槨墓19基が確認され
た。これらのうちには古墳から離れて単独で存在
するものは一つも認められない。

　多くの古墳の周堀内からＦＡの純堆積層が確認
された。このことと出土埴輪，土器類の諸特徴を
合わせると，大半の古墳が５世紀後半から末葉に
かけての短期間に築造されたものであることがわ
かる。

（3）　初期群集墳の成立とその背景

　近年，下淵名古墳群，白藤古墳群と同様の構造
の古墳群の発見が急速に増している。その特徴を
列記すると，以下のようである。すべて低墳丘の
円墳であり，限られた範囲に密集している。埋葬
施設は人体がちょうど入る程度の規模の竪穴式小
石槨が主体である。副葬品を伴わない場合が多
く，あっても鉄製刀子などきわめて貧弱な内容で
ある。古墳群のうちで墳丘規模の相対的に大きい
ものには埴輪が伴う。古墳の築造時期は，主とし
て５世紀後半から６世紀前半の時期に集中してお
り，その前後に続かない場合が多い。

　このような特徴を備えた古墳群が現在まで
に25ヵ所以上にのぼっている。この数は今後
の発掘調査の進展の中でますます増えていく
ことが十分予測される。このことは，群集墳
の成立が急激であり，しかも地域全体に及ぶ
ものであったことを示している。

　ところで，目を下野地域に転じてみると，
上野地域と同様の初期群集墳の成立過程をた
どることが明らかにされつつある。現在調査
中の小山市梁の寺野東遺跡は５世紀後半を中
心にした竪穴式系の埋葬施設を有する中小の
円墳多数から構成されるものである[3]。この
ような視点から従来の調査成果を見直すと，
竪穴式小石槨を埋葬施設とする円墳の事例が
散見する。低墳丘であることを考慮すれば，
やはり今後，事例が増加する可能性は極めて
強い。

　これらのことから，５世紀後半から６世紀
前半にかけて群集墳の成立してくる状況は，
地域をこえた時期的特徴であったことが推測

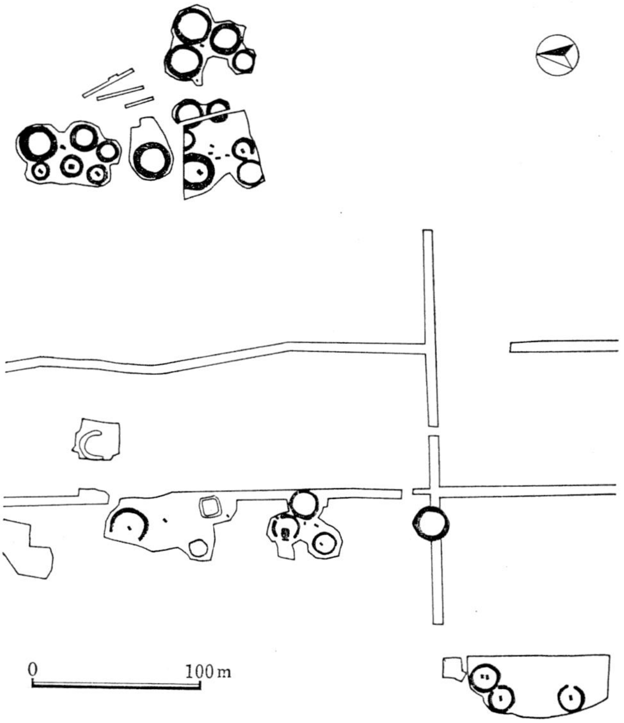

図2　白藤古墳群全体図（南寄りの一部を除く）（註２をもとに作成）

0　　　　　　　　　100ｍ

されてくる。しかも，畿内地方における動向を勘案すると，ここでの初期群集墳（古式群集墳）が成立してくる動き[4]に対応したものであることは疑いないところである。

当地域では，この時期に相前後して，大規模農耕開発が各地で進行し，生産力が飛躍的に増大していったことが，集落規模の拡大，新興集落の輩出などによってわかる。このことは集団構成員の成長や相互の関係の複雑化をもたらしたものと思われる。支配構造の再編成は急を要する課題であったと思われる。前方後円墳，高塚円墳の下に円墳による群集墳を採用し，墳丘規模・埴輪の有無により整然とした体制を組織したことを如実に示しているものと思われる。

初期群集墳を構成するものが，ごく一部の例外を除くとすべて円墳であると言う事実は何を物語るのであろうか。それ以前，方墳が主体の一部をなす（前期の方形周溝墓は別の次元で考えるべきものと考えている）伝統のなかった当地域では，有力化した集団構成員を古墳秩序の中に組み込む際，円墳という墳丘形式にこだわり，その中をより細分化することにより達成したものと思われる[5]。また，窖窯焼成による埴輪の組織的な大量生産体制の成立はこの時期に符合しているのであり，群集墳中の有力古墳に埴輪が伴うこととも相俟って，埴輪もまた新たな階層秩序づくりの手段として組み込まれたことがわかる。

2　前方後円墳消滅後の大型古墳

上野地域における前方後円墳の消滅は，7世紀前半のことと考えられている。最終段階に位置づけられる高崎市の観音塚古墳や新田郡新田町の二ツ山1号古墳から出土する須恵器が，陶邑古窯跡群のTK209の型式的特徴を有していることから，これらの築造が6世紀末葉ないし7世紀初頭と考えられるからである。それでは，7世紀前半以降の大型古墳はいかなる墳丘形式をとったのであろうか。当地域の場合，方墳と円墳の二つの方向に分化したことと，明らかに方墳に優勢な地位を認める新たな古墳秩序の輩出を見て取ることができる。このような前方後円墳消滅後の墳丘形式の変化の過程が，下野地域でも同様に認められるかというと，ここでは大型古墳はすべて円墳を採用しており，方墳を採っていない。7世紀における有力古墳のあり方にも，地域間で微妙な相違がある

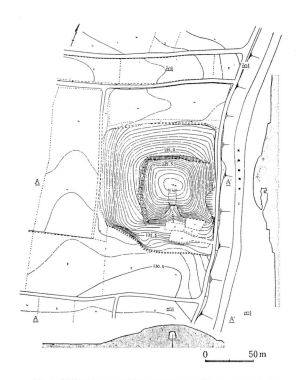

図3　総社愛宕山古墳墳丘（『群馬県史研究』28，1988より）

ようである。

（1）総社古墳群における方墳の成立

群馬県前橋市の西方に位置する総社古墳群は前方後円墳4基（うち1基は消滅）と方墳3基から構成された，上野地域屈指の後・終末期の大型古墳群である。ここでは，6世紀後半の総社二子山古墳を最終段階の前方後円墳とし，これに引き続く7世紀前半には，一辺約56mの大型方墳である総社愛宕山古墳が築造される。安山岩の巨石を使用した大型横穴式石室であり，玄室には凝灰岩製の刳抜式家形石棺が置かれている。

ところで，愛宕山古墳の築造された7世紀前半の時期，当地域にはこれ以外に顕著な大型古墳が全く認められない。最終段階の前方後円墳である総社二子山古墳の築造された時期には，これと同程度の規模のものは地域内の各所に認められたわけであるから，その間の断絶は大きい。そこで，この間に総社古墳群の勢力を頂点とする地域の再編成の動きがあったことを想定した。その場合，総社古墳群の勢力が大和政権との強い結びつきによりこのことを達成したものと考えられる。総社古墳群のみが，この時期の畿内の有力古墳と同じ方墳と家形石棺を採用し，巨石巨室の横穴式石室を実現したことがこのことをよく物語っている。

59

総社古墳群では愛宕山古墳に続いて、7世紀第3四半期には宝塔山古墳、第4四半期には蛇穴山古墳の方墳が築造された。これらは、高度の石材加工技術を駆使した截石切組積石室を主体部とし、その壁面は漆喰により白壁に仕上げられていた。また、宝塔山古墳には家形石棺が伴っていた。

両古墳の築造された7世紀後半の時期には、平地部を中心に各地に、截石切組積石室を持つ有力古墳が登場する。その数は30基近くに達しており、ほぼ2基が対をなして適当な距離をおいて分布している。これらは、いずれも宝塔山・蛇穴山古墳より小規模な円墳であり、石室も小規模で加工技術も見劣りのするものである。宝塔山・蛇穴山古墳と他の截石切組積石室墳との間の差は歴然としている。

これらのことから、総社古墳群の勢力は、愛宕山古墳の段階で確立した政治的地位を宝塔山、蛇穴山古墳の段階でも踏襲したことがわかる。また、地域の再編成の動きは、7世紀後半の「截石切組積石室体制」とでも言うべき古墳システムの確立により、一定の結実を見たことを知ることができる[6]。その場合、上野地域の頂点に位置した宝塔山・蛇穴山古墳のみが方墳を築造し、その下に組織された地域勢力はすべて円墳を築造するという厳然とした区分を設定していたことが推測されるのである。

（2） 下野地域の7世紀の大型古墳[7]

下野地域でも上野地域に近い時期に前方後円墳の消滅期を迎える。その場合、有力前方後円墳の分布は、後の下野国分寺周辺地域を中核とし、周辺地域にはこれより相対的に規模の小さいものが築造されるという状態を示している。

7世紀前半になると、前方後円墳のあとに続いたと思われる大型古墳が各地で成立する。これらはすべて円墳である点が大きな特徴である。下野地域全体に分布するこれらの大型円墳は直径40〜50mの規模を有している。これに対して、下都賀郡壬生町に所在する壬生車塚古墳は、直径85mの超大型円墳であり、これ以外のものに卓越した地位を占めていたことを窺わせる。また、主体部である凝灰岩の切石石室も規模の上で他のものとの間の格差が大きい。ここにも、総社古墳群とその他の截石切組積石室墳との政治的関係と同様のものを想定することが可能であろう。下野地域の場合、両者の差異を墳丘規模の差異としてのみ表現

した点は、ある意味では、前代の前方後円墳における相対的関係が、程度の差こそあれ、そのまま踏襲されたとも言えよう。

次のような事実も、この想定を補強するものであろう。当地域では、6世紀後半に「下野型」と呼称される地域性の強い前方後円墳の墳丘構造が成立する。低平で幅の広い基壇面にこれより大幅に小規模な墳丘第二段を築成する特徴を持つ。これらはまた、地域色のある石室構造・位置も共通にしており、律令制の下野国の母体となるような政治的地域圏の成立を窺わせる。この墳丘構造は、前方後円墳消滅後の大型円墳にも踏襲されている点が注意されるところである。

（3） まとめ

6世紀から7世紀にかけての古墳の展開過程には、隣接する上野、下野地域の間でも微妙な差異を示していることがわかった。このことは、前方後円墳消滅以降の歴史展開が決して、同一の過程をたどったのではなかったことを示しているものと思われる。

7世紀の両地域における大型古墳の墳丘形式の差異は、地域内部の実情のみを反映したものであったのかどうかは今後の検討課題である。白石太一郎が、畿内の同期の大型方墳・円墳の墳形を、蘇我氏との関係で理解した解釈[8]のごとき側面からも、検討して行く必要があろう。

註
1) 群馬県埋蔵文化財調査事業団『下淵名塚越遺跡』1991
2) 小島純一『白藤古墳群』粕川村教育委員会、1989
3) 担当者の小森哲也氏から多くの教示を受けた。
4) 和田晴吾「群集墳と終末期古墳」『新版古代の日本』5、1992
5) 右島和夫・徳江秀夫「群馬県の円墳」古代学研究、123、1990
6) 総社古墳群については、右島和夫「前橋市総社古墳群の形成過程とその画期」群馬県史研究、22、1985、截石切組積石室については、右島・津金沢吉茂・羽鳥政彦「截石切組積横穴式石室の基礎的研究」群馬県史研究、33、1991
7) 大橋泰夫「下野における古墳時代後期の動向」古代、89、1990、小森紀男「栃木」『古墳時代の研究』11、1990
8) 白石太一郎「畿内における古墳の終末」『国立歴史民俗博物館研究報告』1、1982

特集 ● 古墳の形の謎を解く

古墳の側面観

立体としての視角効果を備える前方後円墳の側面観を，コンピュータによりシミュレーションすることで変遷をさぐってみよう

古墳のキュービズム

古墳のキュービズム
——立体としての大形前方後円墳——

橿原考古学研究所
豊岡卓之
（とよおか・たくし）

前・中期に編年される大形前方後円墳の立体観は外山茶臼山古墳・西殿塚古墳・箸墓古墳の3類型から佐紀陵山類型へと変化する

　学生の頃は，古墳をみるとその頂に登った。そして風景考古学などと称して，亡き王者の眺めたであろう世界を空想した。それから10年の月日が流れて学芸員に奉職し，友の会の諸氏とともに古墳を見学して歩くことが重なった。しかし会の前夜のにわか勉強を経文の如く唱える私に，野辺の道からみる古墳の横顔の端整さは理解の彼岸にあった。そのとき測量図に現われない，立体としての視覚効果が古墳に備わっていることをようやく知った。
　後に白石太一郎氏の立体としての古墳の分類を知り多くを学んだが[1]，平面図や側面の平行投影図からではなく，さらに墳丘に登って観察することを望んだ。なぜなら古墳を観察するものにとって，最も遠い存在は「陵墓」であるからである。その多くが，墓制研究の中で最も重要な役割りを果たす可能性が大でありながら，『陵墓図』[2]と『書陵部紀要』をもとにした図上観察では，古墳がもっている立体としての特徴が，平面的に映ったり平行投影図としてしか認識できない。そこでは実際の肉眼視による歪みや視野の広さまでを計算にいれた，古墳の立面設計を知ることは不可能に近いからである。

　しかし近年の情報処理機器の普及は，コンピュータによるシミュレーションを可能とした。しかもパソコンによる簡易な作図についても，肉眼視の感覚に近付けるための方法を解説した参考書が多数出版され[3]，『陵墓図』をもとに，古墳に立って肉眼視する際に生じる歪みを擬似体験することも可能となっている。ただし考古学における映像資料の標準化には，写真が広く普及していることも見落としてはならない。つまり映像の画角の広さについて，カメラレンズによる場合と，人間の視野による場合の標準化を考える必要がある。この問題は，人間の視野にかえてレンズの画角をプログラムすることで処理できる。たとえば，35mm一眼レフのレンズでいえば，18mmレンズが画角100°，28mmレンズが画角75°，35mmレンズが画角63°になっていることは承知の通りである。それに対して人間の視野の広さの実体は，両眼である白色の対象物内の目標点を視準したとき，目標点を中心に半径約60°の円内でのみ物体の形状と色彩とをともに判断できるという医学データがある。ただし視準する対象物の色彩によって，視野界は白色の時よりは若干狭くなるという。しかしながらコンピュータによって単純に半径60°の

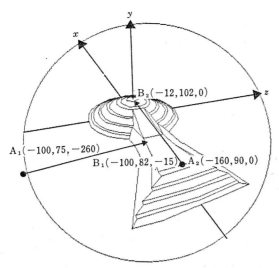

図1 シミュレーション模式図（箸墓古墳）
θ＝画角，R＝目標点での視野直径，An (X, Y, Z) ＝
視点座標 (m)，Bn(X, Y, Z) ＝目標点座標(m)
θ＝75°，R≒318.64m，A (−250, 210, −80)，
B (−100, 82, −15)

視野を計算すると，人間に備わった対象物に対する補正能力がないために歪んだ図形ができあがり，本来の対象物に対する印象と異なる感覚を覚える。私には人間の視覚能力に等しい補正を，コンピュータによって行なうことが現状ではできないので，カメラレンズに等しい例と，人間の視野の広さに等しいコンピュータの例の2通りを，なるべく図示することにする。この後登場するシミュレーション図はこのことにならったものである（図1）。

1 古墳の側面観

さて古墳は，周辺地形の中では比較的眺望のきく位置を占めている。しかし仮に 2 km 離れてそれを視準するとき，視野にはいる幅は古墳の位置で約 7 km となる。そのなかで全長200m級の古墳は存在を誇示するであろうが，立体としての印象は全体感からのものであり，段築一つ一つまでを詳細に区別できたかどうかは怪しい。それは同規模の古墳の墳丘の形態差を，遠隔地からそれぞれのもつ意味にまで入り込んで理解していたかどうか疑うものである。つまり立体としての古墳に意味があり，その意味が変遷するために形態が変化するのであるならば，古墳がみられるべき最も重要な位置は，形態の意味を知ることのできるところでなければならない。

そこで前・中期の前方後円墳がどのような姿をしているかを，側面観によって示してみよう。この場合，墳丘主軸線にほぼ中央で直交する線上で，古墳側面全体がうかがわれる位置を，地形に無関係に選んでみる。ここでは見慣れない図に慣れていただくために，歪みの少ない画角75°の例をあげよう。そこからの側面図は図2のようになる。

前期前半に編年されてきた古墳の側面観の特徴は，端的にいえば後円部最上段の占める比重の大きさにある。立体構成上，この部分が最も秀でて見えるようにつくられている。そして三段築成の原理は，いまだ完成されていないことが明らかである。たとえば最も段築の整った渋谷向山古墳においても，前方部最上段上面に連なる面の上に後円部最上段が築かれている。しかも前方部の段数と後円部の段数のずれは，宮内庁による調査で明らかとなった段によって，後円部4段とみるべきものかもしれない。この時期に編年されてきた古墳は，後円部と前方部の段築の結合のさせ方によって，幾つかの類型に分けることができる。これについては後に詳述する。

前期後半に編年されてきた古墳の側面観の特徴は，第1・2段段築面が後円部から前方部に通る3段築成の完成である。つまりは前方後円形の段築2段の上に，前方部最上段と後円部最上段を一体に造ることにその特徴がある。こうした立体表現は，現在の資料からみて佐紀盾列古墳群西群のなかで始められた可能性が高い。つまり最上段の形態は奈良盆地東南部の大形前方後円墳とは仕様が違い，この時期他地域に登場する中・大形前方後円墳に共通している。ただし3段築成の完成の中でも，前方部第2段上面の後円部第2段上面への結合のしかたの小差により，2つの形式が認められる。一つは前方部・後円部の第2段目上面が水平に通るものであり，他のものは前方部二段目上面がくびれ部の手前で1段上がって，後円部第2段目上面と同じ高さになるものである。

中期古墳に編年されてきた古墳の特徴は，先に完成された三段築成のうちの，前方部最上段先端の厚さの増大によって示される。この時期の古墳の平面図を観察すると，前方部に埋葬施設を営みうる高まりが認められる。つまり前方後円墳の立面形の変化は，あるいは前方部先端上面が後円部上面同様に，埋葬施設を営む定式的な場に切り替えられたことに起因しているかもしれない。

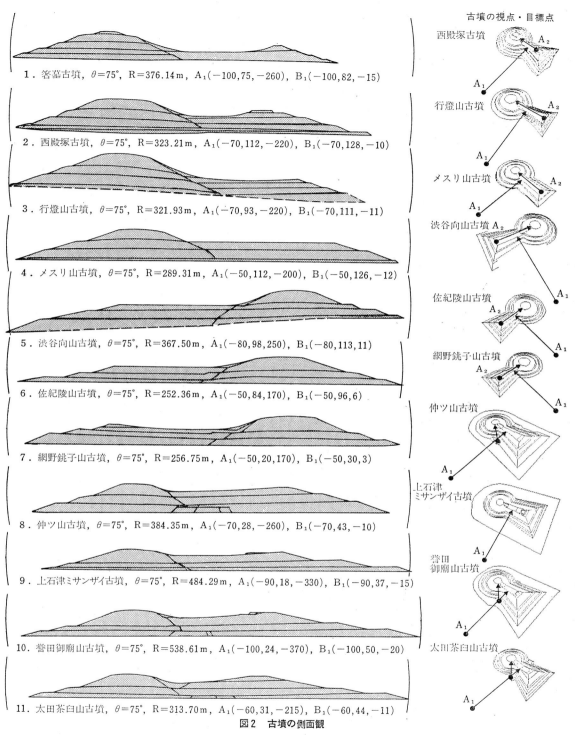

図2 古墳の側面観

側面観による，前・中期大形前方後円墳の大まかな特徴は以上の通りである。これをさらに細部に渡って検証するために，墳丘内もしくはその近接位置からみた図によって類例化して示すことにする。

2 外山茶臼山古墳類型

前方部最上段上面につながる後円部段築面上に，後円部最上段が築かれるもの。前方部最上段は，その先端においても幅の広がりが少なく，い

63

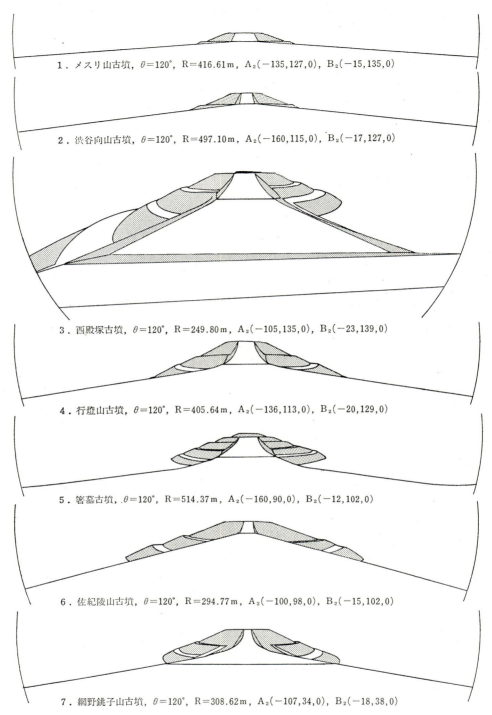

図3 前方部からみた後円部

わゆる真正な柄鏡形を呈する。その立体としての特徴が最も端的に現われるのは，前方部上面端にたって後円部を視準する際である。このとき前方部の細長さが，有効な視覚効果をあげる。つまりくびれ部に向かって前方部の平坦面が収束するその先に，巨大な後円部最上段が屹立してみえるよう，ここに，立体構成上の重点がおかれている。この典型に桜井市外山茶臼山古墳があり，また同様の例として桜井市メスリ山古墳・天理市渋谷向山古墳があげられる（図3－1・2）。

メスリ山古墳は最近の調査によって，これまで知られていた前方部2段・後円部3段のほかに，後円部北裾と前方部西半北裾とに，高さ約0.5m・幅約2mの小規模な段が伴うことが明らかである[4]。ただし北側くびれ部裾は仕様が異なっているようである。おそらく前方部からくる裾の小規模な段が収束して，葺石面内の傾斜変換線に変わり，また後円部裾で小規模な段へとつながると考えられる。こうした情報に基づいて墳丘を復原すると，前方部最上段が先端にむけてやや広がる茶臼山古墳類型の古墳であることが明らかである。

つぎに渋谷向山古墳は，幕末の修陵に際しての変形について，とくに前方部先端についてあまり明らかではない。しかし宮内庁による調査によって，後円部の裾には他の段に比して小規模な段が伴うことは明らかである[5]。また前方部の最上段とその下の段は，後円部も完周することはまちがいない。したがって西へ傾斜して下る丘陵を利用して造られたと考えられる本古墳の場合，後円部と前方部との最下段を傾斜にあわせて造営することで，それより上の段築を水平に維持したものと考えられる。つまり現在の前方部第1段は，その形状をそのまま信じることはできないが，段の厚さは後円部に向けてしだいに薄くなっていたとみることができよう。この墳丘復原によれば，明らかに外山茶臼山類型である。

3 西殿塚古墳類型

西殿塚古墳は，傾斜面の等高線に主軸を平行して造られているため，主軸左右で墳丘が非対称になっている。近年宮内庁によって，墳丘の詳細について報告がなされ，測量図では読み取れない細部までが明らかとなった[6]。ただし高橋護氏が指摘する墳丘の改変の可能性については，現状で判断ができないことから『陵墓図』を前提にする。

前方部にみられる段は，いずれも完周しない。古墳の西裾にみられるエプロン状の部分を第1段とすると，前方部と後円部との西側第2・3段上面は，比高が比較的安定しているはずのくびれ部においても一致しない。つまり後円部の段築と前方部の段築が必ず一体のものでなければならないという定式は，この古墳からは読み取ることができない。その結果は，前方部の最上段にある方形壇と後円部最上段にある方形壇を取り除いたところで，西側面では最下段を共通する後円部4段・前方部4段であったことがうかがえる（図3-3）。

したがってこの類型の特徴は段築の特殊性にある。つまり前方部と後円部の段築の不整合が第一点である。また前方部最上段の平坦面が，後円部の最上段を乗せる面（後円部第3段上面）とほぼ同じ高さに造られながらも，後円部最上面から前方部最上面に降りてくるスロープの広がりに阻まれて，一体化していない点である。つまり埋葬部を伴う後円部最上段は，後円部の他の段からも切り離されて，唯一前方部最上面からのみ対象とされる位置にあることになる。

この類型には天理市行燈山古墳が含まれる。行燈山古墳には文久年間の修陵についての文書が残っており，広く公開されている[7]。また宮内庁による調査成果も公表されている[8]。そうしたなかで今回墳丘復原に際して注意したのは，前方部前面の本来の位置についてである。文久の絵図には細かに法量が書かれており，江戸末期の行燈山古墳の状態を知るには一級の資料であることに変わりない。ただしその法量の加算によって墳丘規模を知るには，測量が水田面積を計算することを主眼としたものであるために，法量としてはほぼ正確でも，図の全体観としては古墳主軸方向にやや延びたできあがりとなっている。それを如実に示すのは，絵図に描かれた水田区画のなかで，現在に残るものの位置である。つまり図4の『陵墓図』の1が，図5の文久の絵図にみる①の部分に対応する。同様に2〜4が②〜④に対応する。また現周濠の北西隅5の形態も，修提に伴って江戸時代の⑤の部分より外へ5〜6間築出されているが，輪郭の形状は近似している。

こうしてみると江戸末期の修陵前の前方部端の位置は，宮内庁『陵墓図』にみる前方部前面の護岸施設の位置に近い。これまでの墳丘復原案では，修陵の際に嶋池の西堤を1間増すことで，墳丘裾の樫の木が水に洗われることになったために護岸を行なった記事を，1間分墳丘裾から上がった位置に護岸をしたと読み取っていたと思う。必然的に，現墳丘裾より1間分の深さに下がった先に，江戸時代の墳丘裾を想定することになり，復原墳丘長は長くなる。しかし絵図との対応からは，江戸末期の墳丘裾の位置に高さ1間前後の護岸を行ない，その背後の墳丘側を併せて土盛りしたと考えることが可能である。

そこで宮内庁による調査成果を加えて墳丘復原

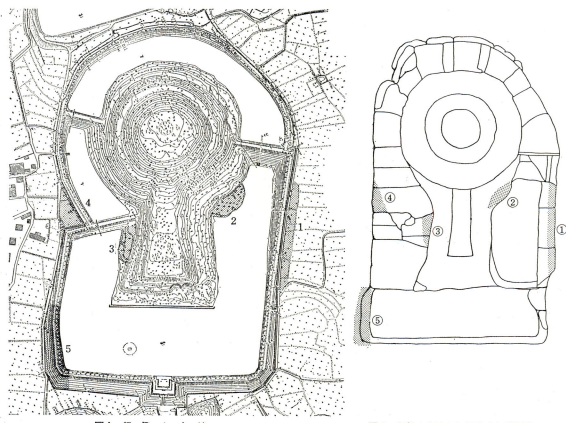

図4 行燈山古墳　　　　　　　　　　図5　行燈山古墳文久古図（地形輪郭）

を行なう。後円部は現在の3段築成の下に他の段と比較して小規模な段を伴っており，その大小を問わなければ4段となる。前方部は江戸末の修陵の際に，どれほどの土量が移動したかは不明であるが，各段築の厚さ自体は変形を受けていないと仮定する。そうであれば先記の江戸時代における前方部端の位置と，宮内庁による前方部の南北の現在の堤の調査でえられた地山高からみて，最下段としてもう一段の他とほぼ同じ厚さの段築を想定することも可能である。このことは現最下段がさらに厚くなる3段築成案を否定するものではないが，ここでは段築の厚さが近似する前方部4段築成の案を仮に取ることにする。

この結果，後円部第2段上面と前方部第3段上面とがほぼ等しい高さとなるが，同一面であるかどうかは『陵墓図』からは読み取ることができない。しかも前方部第1・2段上面に至っては，おそらくくびれ部から生じて前方部を巡ることになる可能性が高い。つまり西殿塚古墳類型に含める所以である。後円部と前方部の段築によって共通の面を造りだすことを主眼としない設計を認める

ことができる（図3-4）。

4　箸墓古墳類型

類型として呼ぶには同様の大形古墳の例が乏しい上に，類似するといわれる若干の例も墳丘の改変が激しく，比較するに当惑するものである。したがって類型として認められるかどうかは，将来に果たしたい。また箸墓古墳自体にも，改変説が幾つかだされており，その確認も将来の問題として類型化が果たせるかどうかの鍵となろう。

現況の箸墓古墳の形状を前提とした理解については，国立歴史民俗博物館の研究グループによる墳丘復原案が，その状態を端的に指摘している[9]。つまり後円部にはその最下段として小規模な段築があり，また最上段として他の段と傾斜角の違う円形壇がある。またバチ形に開く前方部には両側面ともに段築が認められず，側面上位で傾斜変換が認められる。それに対して前方部前面には，4段築成を思わせる3段の平坦面を認めることができる。つまり後円部5段・前方部は変則的な4段築成である（図3-5）。

66

箸墓古墳の特徴はこの通りである。これを立体としての特徴に言い換えれば，前方部上面の東半に認められる平坦面が，後円部第2段上面にほぼ等しい高さに造成されていることから明らかなように，前方部の厚みが非常に薄い。このことは前方部前端の高みから後円部をみるとき，目の前を湾曲して下る斜面が遥か彼方で上方への長いスロープにかわり，幾つもの円段のそのさらに上方に屹立する円丘の姿を引き立てたと思われる。こうした前方部と後円部の立体構成法から導かれる印象は，段築の仕様の差にかかわらず西殿塚古墳類型と大枠として共通している。あるいは大別の中では同じものに属し，亜種程度の差として分離できる関係にあるものかもしれない。箸墓古墳類型に何を含めるべきかを考えるとき，纒向石塚古墳が問題となる。近年の発掘で明らかとなった墳丘は，後円部の大きさに比べて前方部が細く，そしてバチ形に開く[10]。段築の有無は不明としても，その前方部の幅の広さからみれば，前方部に余りある高さを期待することは不可能に近く，仮にその上面端から後円部上面をみれば，遙かな高みとして映ったであろう。つまり小規模ながらも箸墓古墳同様の立体構成上の効果は，十分期待できたと考えられる。このような箸墓古墳に類似する平面形をもち，しかも前方部が周辺から明らかに区画されていながらも盛り土によって十分な高さを期待できない古墳は，将来箸墓古墳類型の存在を認めるときに，重要な構成員となるかもしれない。

また段築という立体構成上の一つの要因を取り除いても類型化が可能かという疑問は，前期前半に編年されてきた前方後円墳の段築自体に，どれほどの意味があるのかを測る上で重要な問題をはらんでいる。話題は元にもどるようであるが，たとえば西殿塚古墳類型を90m級の前方後円墳に適応しようとするとき，その候補にあげられる天理市中山大塚古墳にも，後円部上の方形壇をのせる面を段とみる以外に，墳丘斜面には段築は認められない。それが仮に中・後期の前方後円墳であったならば，段築があってしかるべき規模にもかかわらずである。このことは初期の古墳では規模の大小によって段築の有無が決まるのと同時に，同類型の古墳では段築の有無にかかわらず，前方部上面と後円部上面の立体内での位置が共通していることを示している。つまり上記3類型の段築の

不統一さと，類型内での立体構成上の規範の存在は，前方後円墳の起源において，祭礼の場の平面構成は類似していながらも，意識に描かれた立体構成には，すでに古墳群を形成する集団間に差違が生じていたとみることができる。

5　佐紀陵山古墳類型

ここに述べようとする類型の大形前方後円墳については，その墳裾の様子が明らかとなったものは少ない。したがって測量図を強引に理解した点も多いことを，断っておかなければならない。そうしたなかでもこの類型が注意される点は，一般に前方後円墳祭祀の定式化という概念がよって立つ基盤のなかで，前方後円墳の形態の定形化がまず重要な要素にあげられるからである。つまり前方後円墳の3段築成による造営が，白石太一郎氏が指摘するとおり，佐紀盾列西群の成立によって始められる事実に注目したい。ただしそれは，先にみた前期前半に編年されてきた古墳にみる類型の，形式発展によるものであるかどうかは不明である。葬礼の祭場空間の理解とその設置法の起源には，地域による差違があることを自明とするほどの先験性をいまだ必要としているからである。しかしまたこの類型は他地域の大形古墳に広く採用される点で，普遍化した姿をみせることも事実である。

したがってこの類型の特徴は，前方後円形の段築2段の上に，前方後円墳形の最上段を造ることにある。最上段の前方部は細長く，先端でやや広がるにしてもいわゆる柄鏡形に近い形態から始まる。前方部上面の空間からみた後円部の姿は，上方への立体感はやや失せたにしろ西殿塚類型に類似しているともいえ，しかも3段築成の完成によって他から切り離された前方部最上段上面の空間自体が，後円部最上面により密接な空間と意識できるようになっている。この類型の最も古いものは奈良市五社神古墳と思われるが，測量図の精度の問題により細部を判断できない。そこで最も明瞭な佐紀陵山古墳をもって，この類型を仮称することにする（図3-6）。

この類型はまた、広く馬見古墳群や古市古墳群・百舌鳥古墳群の大形古墳の立面設計の基本ともなっており，大枠としてはこれらを包括するものである。つまり大別類型として佐紀陵山古墳類型を考えるときには，前方部上面先端付近におけ

る埋葬施設設置の定式化に伴って，最上段全体が肥厚する傾向や，そのために前方部上の平坦面が制約されることに関連して造出しが伴うようになることから，中期古墳に編年されてきたものによって細別類型を見出すことが可能である。ただしそこでは立面の変化が漸移的に現われるため，いずれの古墳をもってその典型とするかは迷うところである。たとえば白石氏のように，仲ツ山古墳・土師ニサンザイ古墳を典型とする細別類型をあげることもできる。

しかしここでは，大別類型である陵山類型を前半と後半に分けるに留める。後半は，たとえば佐紀盾列古墳群西群の内でいえば石塚山古墳以降とする。なぜなら中期に編年される古墳は，その立体としての特色である最上段の後円部と前方部との一体化とその肥厚傾向が，時間の流れにそってしだいに顕著となるからである。しかもこの立体としての変化は，後期に編年される古墳をも包括するものである。つまりは陵山類型という大別類型の中で，葬礼の対象として中心の位置を占めるものが，後円部最上段から前方後円形の最上段全体へと変化することで，それを同時に仰ぎみる古墳の側面が祭礼の上での重要な空間として考えられるように変化するとみなすのであるなら，近畿での横穴式石室の導入以前に古墳の空間利用の進み行く傾向は決していたものとも考えざるをえない。そのとき中・後期に編年される古墳を，立体表現から区別することには限界が生じる。

6 終わりに

前・中期に編年されてきた大形前方後円墳の側面観を，パソコンを通してシミュレーションすることで古墳の変遷にふれてみた。それは古墳の立面が変化する場合に，その変化が最も顕著にみえる位置こそ，古墳の葬礼の中で重要な場が設置されていたと仮定することか

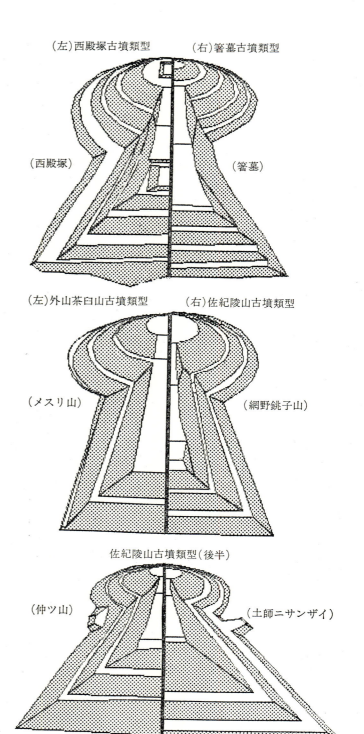

図6　類型間での立体比較

ら導かれたものであった。そして立体として古墳を観察し，その結果を標準化することこそ，先学による平面企画論を継承する方法であるという立場に立つものである。

そうした作業結果の中で再度注意しておきたいのは，外山茶臼山古墳・西殿塚古墳・箸墓古墳の3類型と大別類型としての陵山古墳類型の差違である。そこには立体空間としての前方後円墳に対しての考え方に，異なったニュアンスがあるように感じる（図6）。そして先記3類型から，佐紀陵山類型前半・後半へと空間利用法が変化することは，あるいは器財形埴輪の成立問題や副葬品の構成・長持形石棺などの出現の問題と深いつながりも考えられる。

こうした佐紀陵山類型の成立前後での，古墳の立体構成上の差違を考えるためには，ひとたび視野を，弥生時代中期後葉から古墳時代前期にまで広げてみてもよい。その期間のなかで，近畿地域の集落・墓地遺構の変遷を考えるとき，奈良盆地東南部が弥生時代後期後半から，古墳時代前期前半に際立った動きをみせることは，周知の通りである。これに古墳時代前期前半の3類型が対応している。ところが佐紀陵山類型が早く造営された地域は，たとえば奈良盆地では西に偏っており，そこはまた奈良盆地にみる古式の銅鐸の分布する地域に一致している。この状況はまた近畿の他の地域にも共通しており，摂津・河内を中心として分布する弥生時代中期の銅鐸と，佐紀陵山類型の早い段階での広がりが類似していることは，注意されてよい。

弥生時代中期後葉に一応の完成をみる，大阪湾岸地域を中核とする経済圏のその後の発展は，奈良盆地に纒向遺跡群が盛隆するのに反して，目立った動きをみせなくなる。それが佐紀陵山類型の成立・波及とともに復原されたように活発になることは，纒向遺跡群の時代を，特別な政治・経済体制の行なわれた期間とみなすことを許すかもしれない。また纒向遺跡群を歴史のトリック・スターとして，近畿弥生社会が飛躍的に発展したともとることができる。

こうした視点に立って，古墳時代前期にみる古墳の立体構成の差違を考えるのであれば，各類型が依拠するところの社会の特質を明らかにしなければならない。しかしそのことは，たとえば古墳時代前期の各類型にみる葬礼の原形が，どの地域に固有のものであったかを考えるとき，そのかすかな参考材料として，弥生時代土器絵画の空間構造の差異をあげうるにすぎない，といった現状にある。いずれにせよ学史上継続している古墳時代前・中期の区分の問題を含めて，奈良盆地東南部に典型を見る3類型の古墳と，大別類型の陵山類型の差違の問題は，継続して論議される必要があることを指摘して筆をおくことにする。

註

1) 白石太一郎『古墳の知識Ⅰ』東京美術，1985
　白石太一郎『古代を考える 古墳』吉川弘文館，1989

2) 末永雅雄『古墳の航空大観』学生社，1974

3) 入門書として，佐藤義雄『入門グラフィックス』アスキー出版局，1986，佐藤義雄『実習グラフィックス』アスキー出版局，1986，など多数がある。

4) 清水真一「メスリ山古墳北斜面」『阿部丘陵遺跡群』桜井市教育委員会，1991

5) 笠野　毅「景行天皇山辺道上陵の出土品」書陵部紀要，26，宮内庁書陵部，1974
　笠野　毅「景行天皇陵渡土堤改修区域の調査」書陵部紀要，30，宮内庁書陵部，1978

6) 福尾正彦「釜田陵の墳丘調査」書陵部紀要，42，宮内庁書陵部，1990

7) 秋永政孝「崇神天皇御陵改修工事関係の資料」『大和天神山古墳』奈良県立橿原考古学研究所，1963
　伊達宗泰「崇神陵文久古図について」青陵，26，奈良県立橿原考古学研究所，1974

8) 石田茂輔「崇神天皇陵の外堤護岸地区の調査」書陵部紀要，27，宮内庁書陵部，1974
　戸原純一「崇神天皇陵の外堤及び墳丘護岸区域の事前調査」書陵部紀要，28，宮内庁書陵部，1976

9) 白石太一郎・春成秀爾・杉山晋作・奥田　尚「箸墓古墳の再検討」『国立歴史民俗博物館研究報告』第3集，国立歴史民俗博物館，1984
　笠野　毅・土生田純之「大市墓の墳丘調査」書陵部紀要，40，宮内庁書陵部，1988
　笠野毅「大市墓の出土品」書陵部紀要，27，宮内庁書陵部，1974

10) 萩原儀征ほか『纒向石塚古墳』桜井市教育委員会，1989

<最近の墳丘調査>

奈良県赤土山古墳
あかんどやま

■ 松本洋明
天理市教育委員会

1 所在地

　奈良県天理市櫟本町に所在する東大寺山古墳群は奈良盆地東山麓から派生した比高50m程の丘陵地から山裾にかけて展開する古墳時代前期〜後期にかけての古墳群で，とりわけ前期に大型古墳が集中する。大和・柳本古墳群や佐紀古墳群のように全長が200mにも達する巨大古墳を母体にした古墳群ではなく，100m台の和爾下神社古墳・東大寺山古墳・赤土山古墳など大型の前方後円墳や前方後方墳を主体に形成している。赤土山古墳は同古墳群の南側を流れる高瀬川に面した比高25mの東西に延びる尾根筋上に築かれた丘陵性の大型前方後方墳で，南北に主軸を配した和爾下神社古墳や東大寺山古墳が盆地全域を視界にもつ古墳であるのに対して，前方部を盆地側に向けた東西主軸の古墳で，盆地への視界には制限がある。

2 墳形

　史跡化に伴い墳丘測量と古墳に係る資料調査を実施したところ，長さに比べて幅が狭い長方形の後方部（44×33m）を確認し，後方部の南面と東面には造り出しが2ヵ所で区画されている。また埴輪列の配置状況から後方部の隅角を斜めに区画した隅切り状をなしているが，とくに円筒埴輪列を検出した北東隅角の隅切りに対して家形埴輪が集中した南東隅角では墳丘の形態が隅丸状に張り出し，四隅を直角に区画する典型的な前方後方墳にはあてはまらない現存長103.5mの極めて特異な墳形をもつ古墳であることが判明した。

　赤土山古墳の墳形については置田氏によってすでに測量調査がなされ[1]，後方部側面の直線的な形態から前方後方墳であることが指摘されている。発掘調査では後方部北面で葺石を検出し，側面の形状に直線的な墳形を確認したため学史的な視点を前提として便宜的に前方後方墳として位置づけたものである。しかし典型的な前方後方形とは異なるため，後方部の墳形を多角形に指摘する考えや墳形の基本を前方後円墳に求める意見もある。たとえば典型的な前方後方墳として知られる西山古墳においても墳丘の上段は整然とした前方後円形であり，墳形を基本的に区別することが困難な古墳の一つである。赤土山古墳の場合も墳丘形態の認識はさらに検討を加える必要がある。また後方部の東面に築かれた前方部と対応する造り出しⅠは墳丘の上段構造に及ぶもので，双方

中円墳に求められる櫛山古墳と墳形が極めて類似している。同古墳については前方部とは別に大型祭壇をもつ前方後円墳として求める見解がある[2]。赤土山古墳も双方中方墳に例える指摘があったが，櫛山古墳を前方後円形に求め前方後方墳としたものである。

3 造り出し

　後方部には東面に取り付く残存長10m，高さ3.5mの造り出しⅠと，南面に取り付く長さ11m，幅およそ15mの造り出しⅡがある。造り出しⅠは頂上部の高さが標高113.5m前後に達し，前方部の上面が標高113.9m（くびれ付近）に対して高低差が小さく，見た目では同一レベルで築造されている。造り出しⅠの裾回りには後方部から連なる段築が区画され，そのテラス面に壺形埴輪を差した円筒埴輪を配列している。つまり後方部を挟んで前方部と対応する配置関係だけではなく，前方部に匹敵する高さ，段築と埴輪列を裾に巡らす墳丘構造には櫛山古墳と極めて類似した築造形態といえる。造り出しⅡは，標高113.5m前後で葺石の残存を検出し，造り出しⅠと同じ高さに区画されている。平面形態は造り出しⅠが先端に向かって前方部と同様に逆台形で開くのに対して，造り出しⅡは先端の幅が縮小する台形で区画されており，むしろ一般的な造り出しの形態と近似する。また造り出しⅡの裾回りは標高110.4m前後で，後方部上段の基底と水平に区画されているが段築がなく，造り出しⅠとは墳丘の構造が異なっている。しかも後方部南東隅角から南面に延びる埴輪列は大幅に広がり，造り出しⅡの南側で検出した葺石遺構をも含めて一体で並べられている。葺石遺構と造り出しⅡとの関係は不明だが，主墳丘に対等的な構造をもつ造り出しⅠに対して，造り出しⅡは付随的な特徴が求められる。

　興味深い問題として造り出しⅠや前方部の調査で検出した円筒埴輪には，胴部の立ち上がりにひらきの小さい形態のものが目立つ。とくに墳丘を盛土成形する段階で埴輪を埋め立てるなど，葺石や形象埴輪などの装飾よりも早い段階で埴輪を樹立させている。そのためかかる重圧から墳丘の外側に向けて歪みを生じて出土した埴輪が多く，墳丘の地固めを十分完了しない時点で円筒埴輪を立てていることが指摘できる。ところが造り出しⅡと葺石遺構を囲む円筒埴輪は胴部の立ち上がりにひらきが目立ち，また布掘り遺構で埴輪列を検出するなど，造り出しⅠや前方部に伴う埴輪列とは埴輪の形態や樹立方法に違いがある。これを時間的な差として考えた場合，造り出しⅠとⅡとでは機能的な時差があり，古墳祭祀にかかる役割の違いと櫛山古墳に類似した造り出しⅠの特殊な用途を指摘することができる。

4 尾根筋状遺構

　後方部の南面には造り出しⅡと重なって兆域を築いた

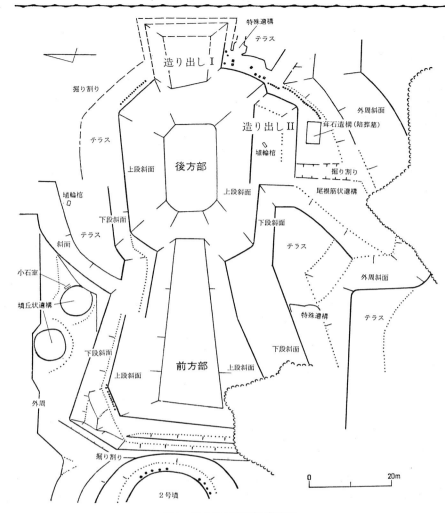

図1 赤土山古墳の墳形推定図

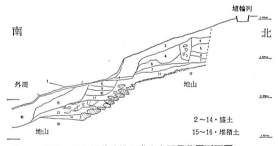

図2 尾根筋状遺構の盛土と下層葺石断面図

尾根筋状遺構が南西に延びている。調査当初は枝別れした地形的痕跡と考えていたが，断面観察を実施したところ造り出しⅡで3m以上，葺石遺構が1.5mにもおよぶ盛土で築かれていたことが判明し，また埴輪列を検出した南斜面ではおびただしい葺石が伴い，同遺構の盛土によって埋めもどしがなされているなど，尾根筋状遺構が墳丘の下段築成に取り付く人工的な構築物であることを確認した。同遺構の中央には幅4.5m，深さ1.3mの南北に延びる盛土成形で区画した掘り割りがあり，掘り割りの東側で埋葬施設の可能性が指摘される葺石遺構とそれを取り巻く後方部南東隅角から並ぶ埴輪列を検出したことになる。よって尾根筋状遺構は墳丘の上段築成に取り付いて一段高く区画された造り出しⅡと掘り割りで区画された葺石遺構，さらに南西に延びる3つの空間で築かれていることが推測される。

ところで山麓に立地した前期古墳には，山側に向けて配置された後円部先端の基底を前方部よりも高く区画するものが目立つ。赤土山古墳の場合も後方部先端に向かって墳丘の基底レベルを高く区画するが，先端に向かって基底に傾斜をつけて標高104m前後まで墳丘を幅広く築造した前方部に対して，後方部の中央から造り出しⅠにかけては標高110m前後で水平な基底を区画している。尾根筋状遺構はそうした基底の切り変え構造をはたし，造り出しⅡや葺石遺構を伴う祭祀の場として重要な役割を兼ねている。

5 おわりに

赤土山古墳の調査から墳丘の裾回りに残るさまざまな外部施設とそれを取り巻くおびただしい葺石を検出した。大和の前期古墳はその大半が果樹園や畑，墓地などに利用されているため，墳丘に原形を残すものが極めて少ない。そうした原形を保っている赤土山古墳においては，変化に富む前期古墳の墳丘構造を解明するべく貴重な資料と考える。

註
1) 置田雅昭「大和の前方後方墳」考古学雑誌，59—4，1974
2) 森 浩一・石部正志「畿内およびその周辺」『日本の考古学Ⅳ・古墳時代上』河出書房新社，1966

<最近の墳丘調査>

大阪府茶臼塚古墳

■ 石田 成年
柏原市教育委員会

茶臼塚古墳は松岳山(美山)古墳の西方,つまり前方部にほとんど接して位置する。1984年12月,土地所有者が農作業中に主体部を発見したことにより,小字名は残るが内容などに関する詳細なデータが全く不明であった茶臼塚古墳の所在が明らかとなった。調査は新発見時(1次)[1]と翌1985年7月(2次)[2]に実施し,墳形,規模,構造などを確認した。

1 調査概要

4カ所の調査区を設定し,主体部をⅠ区,墳丘東辺の南側をⅡ区,北側をⅢ区,Ⅰ区の東をⅣ区とした。

Ⅰ区 石室は安山岩板石を小口積みにした竪穴式石室である。規模は全長620cm,幅100cm,高さ170cmを測る。現状では,石室南半は新発見時に大部分が崩壊し,石室北半は東壁上半が崩落しているものの,西壁,北壁の遺存状況は良好で,とくに北壁は完存に近い。棺床は明黄褐色粘土で造られ,全長600cm,上面幅100cm以上,下面幅140cm,高さ40cm,断面は台形を呈する。棺床への朱の塗布は北側約1mでは希薄で,それ以南,石室中央部では濃厚である。棺床上には白礫の散布がみられる。木棺材の遺存はみられない。また木棺上部を覆う粘土の存否は不明である。

遺物は北から四獣鏡,鍬形石,2列に並ぶ石釧,集積する車輪石,石釧が棺床凹面に遺存していた。石室南半での配置は発見者らの談によると棺床南から三角縁神獣鏡,鍬形石,集積する車輪石,東西に並列する石釧があったという。

Ⅱ区 1次調査時に実施した地形測量の結果,茶臼塚古墳は直径約20mの円墳と推定した。Ⅱ区はその結果に基づき,石室中軸線から10m東に設定した調査区である。調査区西方から順に,茶臼塚古墳の外壁の板石積み,松岳山古墳前方部テラスの板石積み,テラス,鰭付楕円形埴輪,1段目基底部の板石積みをそれぞれ検出した。

茶臼塚古墳外壁の板石積みは石室の構造と同様,安山岩の板石(30×20×5cm前後)を小口積みにしたもので,その壁面は地表面に対してほぼ垂直である。積み上げは松岳山古墳の前方部前面に堆積した褐色細砂質土上,標高48.5m付近から行なわれ,現状では基底部から約90cm遺存している。後述するⅢ区,Ⅳ区の状況から,この板石積みは本来150cmの高さを持つも

のと思われ,基壇積石塚にみられるような,古墳の外部施設であるとし,これを茶臼塚古墳の東辺と確認した。

茶臼塚古墳外壁から30cm東にそれと平行する松岳山古墳前方部テラスの板石積みを検出した。標高48.35m付近から垂直に立ち上がり,高さは約40cmである。茶臼塚古墳の基底部とに15cmの高低差があり,茶臼塚古墳のほうが高い。

Ⅲ区 石室中軸線に対して45°東へ振った方向に設定した調査区である。西方から順に,茶臼塚古墳の外壁基底石,松岳山古墳前方部テラス板石積み,テラス,鰭付楕円形埴輪,1段目基底部の板石積みをそれぞれ検出した。

外壁基底石は安山岩板石の小口積みで,形成された面は垂直である。松岳山古墳前方部テラス板石積みとの間隔が20cmと狭く,その間は掘削しなかった。そのため,現存高,下位での板石積みの状況はわからない。この板石積みの裏込めと思われる石材の堆積上面が標高50mで水平をなす。

茶臼塚古墳,松岳山古墳両者の板石積みを比較すると,茶臼塚古墳では板石の短辺を壁面に出す縦方向の積みをし,松岳山古墳では横方向に積むという差違が認められる。

Ⅳ区 墳丘構造,墓壙確認のために,石室中軸線に直交してⅠ区東に設定した調査区である。調査区東端において,茶臼塚古墳1段目テラス,2段目テラスへの立ち上がり基底部を,西端において,石室上面被覆粘土,石室控え積み,石室掘形をそれぞれ検出した。また,調査区中央をさらに掘り下げたことで,墳丘構造,築造過程も判明した。

1段目テラスは標高50.0mでフラットな面をなす。Ⅱ区,Ⅲ区で検出した板石積みが標高50.0mまで立ち上がるとすると,このテラスの東西幅は200cmとなる。2段目の板石積みは石室中軸線から東6mに検出した。現存高は約15cm,安山岩板石の小口積みが2～3段遺存するのみである。本来の高さは不明。石室被覆粘土は明黄褐色を呈し,その厚さは10～15cm。良質の粘土を用材としている。被覆粘土と控え積みは東3.6mまで達し,これをもって墓壙掘形の東端とすることができる。1次調査時には掘形の西端を確認しており,結果,墓壙上面の東西幅は6.15mとなる。

土層観察により墳丘の多くが盛土で築かれていることを確認した。盛土は標高49.5mを境に二分でき,下半は花崗岩質青灰色土,上半は暗黄灰色土が主である。基本的には墳形を画するように外周を堤状に盛り上げ,次いで内側を水平に盛るという手順を繰り返すようである。

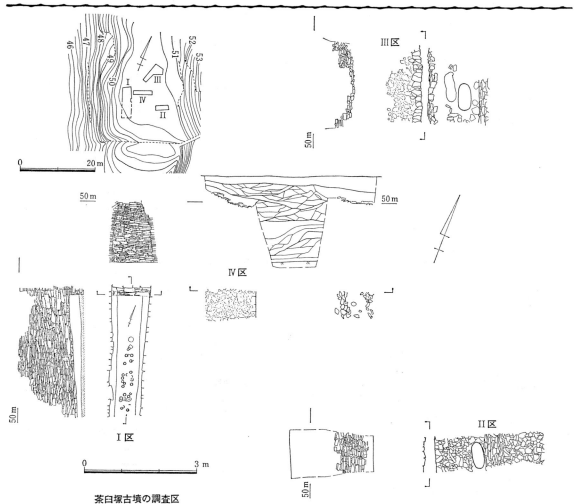

茶臼塚古墳の調査区

2 まとめ

全面発掘調査でないため，制約はあるが以下の成果を得た。

茶臼塚古墳は墳丘は盛土により構築されている。表面は安山岩板石で覆われ，平面が方形を呈することから，基壇積石塚を想起させるものである。地形測量との結果もあわせて，墳形は東西17m前後，南北22m前後，高さ3m前後を測る2段築成の長方形墳と推察する。東接する松岳山古墳との関係については，Ⅱ区西端での茶臼塚古墳と松岳山古墳の板石積み基底部の高低差が，両者の築造の前後関係を示すものとして，その差はほとんどないものの，松岳山古墳が先行したと考える。古墳の南北両側も同様な地形を呈し，安山岩が多量に散布することから，周辺地に同様の古墳の存在を想定できる。総数55個体の碧玉製腕飾類の出土は小規模古墳からの出土という点では稀有である。

範囲確認調査であること，また対象地は果樹園であり，調査期間中も栽培中であったことから，調査区については必要最小限にとどめた。よって得られた情報についても非常に限られたものであった。もっともそれは筆者の情報分析力の乏しさに起因するのに他ならないところであるが，松岳山古墳群の実態把握に欠くことの出来ない手掛かりになるものと考えたい。その後の松岳山古墳の調査[3]により，Ⅱ区，Ⅲ区で検出した松岳山古墳前方部端としたテラスについても「墳丘の外周施設として推定した板石を用いて葺かれた斜面の周縁部」と判断されるなど，新たな問題が提起されており，今後の精緻な調査により，具体相がより明らかになるであろう。

註
1) 柏原市教育委員会「松岳山古墳群」『柏原市埋蔵文化財発掘調査概報　1984年度』1985
2) 柏原市教育委員会「松岳山古墳群」『柏原市埋蔵文化財発掘調査概報　1985年度』1986
石田成年「大阪府松岳山古墳・茶臼塚古墳」『日本考古学年報』38，1987
3) 柏原市教育委員会『松岳山古墳墳丘範囲確認調査概報』1987

＜最近の墳丘調査＞

長野県森将軍塚古墳

■ 矢島宏雄
更埴市教育委員会

　森将軍塚古墳は，長野県更埴市の千曲川右岸にある有明山から北東に延びる標高490mの尾根上に位置する，全長約100mの前方後円墳である。後円部には，二段墓壙を持つ長大な竪穴式石室が設けられている。三角縁神獣鏡をはじめ玉類・鉄器などの副葬品の出土があり，また墳丘には埴輪列が巡らされており，4世紀後半の築造とされる。

　1981年から1992年3月まで，更埴市による"史跡森将軍塚古墳保存整備事業"が実施され，全面発掘調査および保存整備工事が行なわれた。現在古墳には，埴輪が立てられ築造当時の姿に復原整備されている。この事業に伴い墳丘の解体調査が行なわれ，墳丘盛土内に埋め込まれた多数の石垣列が検出され，他に例をみない墳丘構造が明らかにされた。

1　墳丘の形態

　墳丘は，地形の影響を大きく受けており，墳丘主軸線は前方部と後円部で12度ほどのズレがあり，折れ曲がっている。また平地側の裾線は前方後円形を呈するが，山側はほぼ直線で，墳丘の左右が異なるものである。

　後円部墳丘には，上段テラスと呼んだ段築面があるのみで，前方部墳丘には，段築はみられない。上段テラスは，墳丘背面側に台形状に張り出しており，そこには埴輪列が二重に巡らされていた。墳丘に付設された施設と考え，台形状施設と呼んだ。

　さらに，墳丘の大きな特徴に，墳丘裾部には石垣が積まれていることがあげられる。この石垣を裾石垣と呼び，裾テラス面から高さ1〜2mほど積まれている。裾石垣から上部は，墳丘斜面の勾配が緩くなり葺石が墳丘肩まで続いていたと考えられる。使用されている石材は本古墳の尾根一帯に産出する石英斑岩の20〜50cmほどの角礫で，ほとんど加工されていない。この裾石垣の存在により，墳丘の形・規模などが明らかになった。

2　墳丘構造

　墳丘の解体は，墳丘盛土の表層部分を除去したものである。墳丘盛土内には，中段石垣・上段石垣と呼んだ横方向に積まれた石垣と，裾から墳頂へと縦方向に積まれた石垣や，石列状の石積みなどが検出された。この調査結果に基づき，墳丘の築造方法や築造工程が検討された。ここでは，復原された墳丘築造工程順に墳丘構造について紹介したい。

　墳丘築造工程は，尾根の成形を行なった後に，墳丘盛土を2回に分けて行ない，盛土斜面の整形を行なった後に葺石を設置するものである。

　①成形段階　本古墳は，屈折した痩せ尾根上に占地し，その地形の制約を数々受けて築造されていた。また，その一方で地形を巧みに利用して墳丘が築造されていた。

　尾根の成形は，まず尾根頂部を削平し石室底部の高さ，位置を決め，石室を中心に墳丘築造は計画されたようである。尾根の上部に前方部，尾根の下部に後円部を丘尾切断し，くびれ部・裾テラスを削り出すなど，尾根の成形によりおおよその墳丘平面形を造り出している。前方部は，ほとんど尾根を成形したものである。

　不整形な尾根斜面上であることから，後円部では墳丘裾線を配する平坦面を造成できないので，後円部墳丘中ほどに尾根先端を取り囲み，前方部側が切れたC字状のほぼ水平な小テラスを設け，この平面上に計画位置を配し，ここから後円部墳丘裾線を造り出したと考えられる。前方部でも墳丘左右では，墳丘裾の標高差が2mもあり，また対称な裾線が造成できなく，山側は直線的なものとなっている。

　②盛土段階　後円部墳丘中ほどの小テラスから高さ1mほどのほぼ垂直な中段石垣を積み，墳丘の平面形を造り出す1回目の盛土を行なっている。次に，1回目の盛土上面から墳丘の立面形を造り出す2回目の盛土を，上段石垣を積み行なっている。尾根を核として，中段石垣・上段石垣による2段階の盛土で，墳丘がほぼ形造られている。

　この2回の盛土は，それぞれ縦方向に積まれた石垣で10数ブロックに分けて行なわれている。横方向の石垣と縦方向の石垣とは，L字形に積まれ一体の石垣となっている。その石垣の「型枠」によるブロックごとに盛土が行なわれていた。各ブロックの間隔は，一定したものではなく，屈曲部に細かく，直線部に広く設けられている。このブロックは，盛土の作業単位とみるより，計画した平面形を形造る盛土を行なうために，墳丘の要所に設けたものと考えられる。また各段階の盛土の小工程は，斜面の谷側に角礫を三角形状に積み上げて，その内側へ盛土を行なっている。それを数回行ない1段階の盛土工程としている。

　③整形段階　中段石垣・上段石垣の保護，補強を兼ねて石垣手前の小テラスを埋め，盛土斜面を整形するために，石垣は締め固め盛土で覆われていた。この締め固め盛土と呼んだ盛土は，粘性土と礫質土を版築状に交互に積み重ね，強く締め固めたものである。なお，この盛土の一軸圧縮強度は，3.2kgf／cm²と高いものであったが，塩分・灰などの添加物は含まれていなかった。

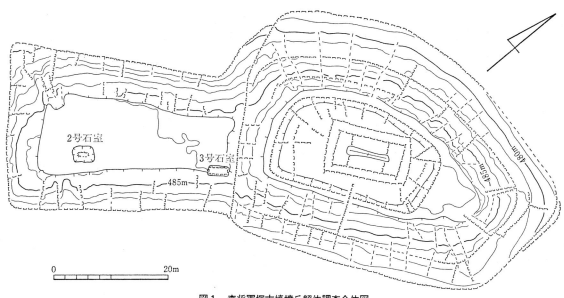

図1　森将軍塚古墳墳丘解体調査全体図

図2　復原された森将軍塚古墳

この締め固め盛土が行なわれた後に，縦石積みと呼んだ石列状の石積みが，裾から墳頂へと積まれていた。この石積みは，墳丘盛土斜面の勾配が一定しないところに，整った葺石面を造り出すために，墳丘盛土斜面を調整する目安の「丁張り」として設けられたものと考えられる。

墳丘裾の裾石垣は，不整形な尾根斜面に計画した裾線を造り出すこと，石垣の高さを変えることで一定の勾配の葺石面を造り出すことなどのために設けられたものと考えられる。この裾石垣も，裾縦石垣と呼んだ墳丘内の石垣とL字形にブロックごとに積まれていた。

3　まとめ

本古墳は，墳丘内に多数に石垣を設けて，墳丘が築造されていた。こうした石垣は，いずれも葺石下に埋め込まれ表面には表われないものである。墳丘内の石垣は，盛土材が礫質であるということよりも，不整形な斜面上に計画する形や高さを造り出すために設けられたと考えられる。

また，今回の墳丘構造の調査からは，墳丘築造のどの段階で埋葬が行なわれたのか，明らかにすることはできなかった。調査で明らかになったことは，下段墓壙と後円部上段テラス面までの墳丘と，それ以上の上段墓壙と墳頂部は別の構造となっていたことである。しかし，この間に築造の停止期間があったのか，なかったのかは全く不明である。墳丘の築造と埋葬時期の関係については，課題として残された。

参考文献
1) 更埴市教育委員会『長野県森将軍塚古墳』1973
2) 更埴市教育委員会『史跡森将軍塚古墳-第1～8年次概報-』1981～1989
3) 更埴市教育委員会『史跡森将軍塚古墳-発掘調査報告書-』1992

<口絵解説>

波多子塚古墳出土の特殊器台形埴輪

　大和古墳群には前方後方墳が4基含まれる。波多子塚古墳はそのうちの1基である。全長139m、後方部長さ48m、幅45m、高さ8m、前方部長さ91m、幅14mと前方部が狭長な特殊な墳形を示す。また、その墳形は特殊器台形埴輪が採集されている中山大塚古墳の上段部分と相似形とする指摘もある。波多子塚古墳を幾度か踏査し、採集した埴輪のうち、特殊器台形埴輪・壺形埴輪の破片かと考えられるものが含まれている。これまでに約40点採集されているが、いずれも細片で全形はうかがえない。採集位置は7がくびれ部のほかはすべて後方部墳頂およびその南側斜面である。代表的な10点を紹介する。

　1～6は特殊器台形埴輪の破片と考えているものである。1は円筒部から口縁部へ屈曲する部分である。外面はヨコナデされる。内面はナデ。また、外面は赤彩される。2は二段に開く口縁部の立ち上がり部分で、外面には鋸歯文があったらしくその1つが残る。鋸歯のなかは平行する右上がりの6本の沈線で充填される。外面は赤彩される。内面はヨコナデする。3は巴形透しの一部である。尾部は比較的長い。外面は赤彩する。内面は上方向にヘラケズリする。4～6は三角形透しの一部とみられる。いずれも天地は不明。4は表面が剝離しており調整は不明。5・6は外面ナデ、内面は6が横にヘラケズ

リする。7・8は円筒部で突帯をのこす。突帯は高く、1.3cmほどある。7は直径を復原することができ、21.8cmをはかる。外面はナデで赤彩される。7では内面を突帯から下は横に、上は斜め上にヘラケズリする。8は横にヘラケズリする。9は特殊壺形埴輪の胴部の突帯と考える。突帯の稜は角ばる。突帯がやや斜めに付くことより、壺形と判断した。直径は21.4cmに復原できる。突帯はおそらく2～3条になるとみられる。内外ともナデでしあげる。突帯の側面と下面には赤彩がのこる。10は不明なものであるが、反りを持たず、他より剝落したとみられることより鰭の一部かもしれない。

　以上の埴輪にみられる巴形透し、三角形透し、口縁部の鋸歯文や、内面をヘラケズリする手法などは初期の埴輪にみられるものである。また、特殊壺形埴輪を伴うのも確実であることから特殊器台形埴輪であることはまちがいない。色調はおおむね赤褐色系で、焼成は良い。埴輪を観察した狐塚省蔵氏によれば、1・2の胎土は岡山県の足守川流域のものに似るという。ただし、円筒部にまったく文様がみられないことから特殊器台形埴輪のうちでも比較的新しい段階のものと見られる。こうした特徴から奈良県内出土の特殊器台および特殊器台形埴輪のなかで、波多子塚古墳の埴輪を位置づけると、中山大塚古墳、箸墓古墳、西殿塚古墳などの一群よりは新しく、東殿塚古墳の埴輪より古い様相を示すと見て良いだろう。10が鰭の一部であるならば、東殿塚古墳に鰭付の埴輪が伴う点からむしろ東殿塚古墳に近いと考えられる。

（山内紀嗣）

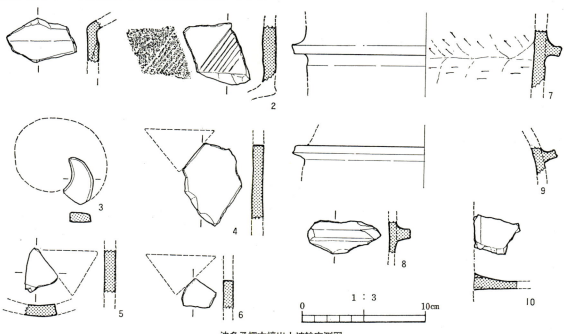

波多子塚古墳出土埴輪実測図

特集●古墳の形の謎を解く

韓国の前方後円墳

韓国精神文化研究院教授 姜 仁 求
（カンイング）

日本の前方後円墳の原型は韓半島から伝来した単純な前方後円形の墳丘で，それに他の文化要素が加わって4世紀の後半に定型化したと考えられる

韓半島での前方後円墳の本格的な調査・研究は1983年から始まったが，この10年の間，固城の舞妓山古墳・咸安の末伊山古墳・高霊の本館洞古墳・海南の長鼓山古墳・龍頭里古墳などが実測・調査され，墳形に対する具体的な検討が行なわれた[1]。これに加えて，1991年には国立光州博物館による咸平禮徳里新徳古墳の石室調査と筆者などによる霊岩泰潤里の古式の前方後円墳の発掘調査が行なわれ[2]，韓半島での前方後円墳研究への新しい転機をむかえた。新徳古墳は墳丘の調査や検討がまだ行なわれてはいないが，大体長鼓山古墳に近い墳形と規模であり，時期が下る横穴式石室に厚葬の風習があることが明らかになった。一方，泰潤里古墳は前方部が短くて低い未発達の方壇であり，竪穴系の長方形石室に黒陶磨研土器を副葬した古式古墳であることがわかった。とくに，泰潤里古墳の発掘調査の結果により，日本の前方後円墳との相違点が確認されたが，こういう相違点こそ韓半島での前方後円墳の出現過程を窺わせる手がかりになるだろう。

以下，泰潤里古墳の発掘をきっかけとして，東アジアでの類似の前方後円墳の分布と日本の前方後円墳の源流問題について簡単に所見を述べさせていただきたい。

1 韓国前方後円墳の墳形

筆者は，数年前韓半島の南部に分布している前方後円墳の墳形を分類したことがある。分類の基準を墳丘の位置や形態に置きながら，墳形の発生的な側面すなわち墳形の発達過程を考慮し，また日本の前期の前方後円墳の位置や墳形も参酌した。それで，墳形をA型とB型に分類して，A型の代表遺跡としては高霊の本館洞古墳・咸安の末伊山古墳と日本京都府の椿井大塚山古墳などを挙げ，B型の遺跡としては固城の舞妓山古墳・羅州の新村里6号墳と日本の奈良県箸墓古墳などを挙げた。

A型に属する古墳の特徴は，まず立地からみると，本館洞古墳と末伊山古墳のように，山の稜線の頂上部か突端部に位置する。勿論，こういう山の稜線は単調なところを選択する場合もあるが，多くは"乙"字のように連続する地形が選ばれている。これは数基の古墳を同じ場所に築造するための配慮であろう[3]。また大体後円部の付近は急傾斜になっていて，前方部の付近は緩傾斜になっているのが一般的である。これは後円部を急傾斜に配置することによって，古墳の高さと威厳を強調する効果を十分に果たしている。あわせて，河川の流れを常に近くに鳥瞰できる場所を選ぼうとする配慮も認められる。墳形は，稜線上に盛土して後円部を築造し，前方部は稜線の狭い頂上部を長く区画・整備して形成している。こういう例は，本館洞古墳と末伊山古墳で明確に確認できる。以上の特徴は日本の古式の前方後円墳からはすでに指摘されている点である。

B型に属する古墳は立地面からみると，A型よりやや多様である。例えば，舞妓山古墳で見るように，独立丘陵の頂上部に築造する場合もあるし，長鼓山古墳と新徳古墳のように，低い稜線上に築造する例もある。また，龍頭里・泰潤里古墳のように，丘陵性平地を用いて墳丘を築造する場合もある。いずれの場合も前方部・後円部とも盛

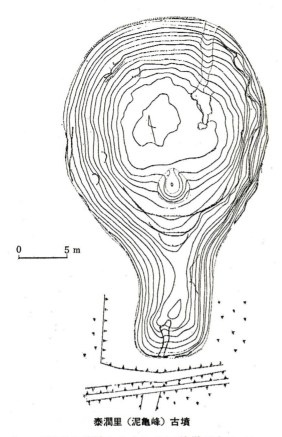

泰潤里（泥亀峰）古墳

土して墳丘を築造したところに特徴がある。

以上，A型とB型の墳形を調べてみたが，墳丘の生成と発達の側面からみると，確かに後円部だけを盛土し，前方部は自然地形をそのまま用いたA型がより簡単で原初的であるといえる。これに比べて，前方部・後円部の両方を盛土したB型は前方部が完全な墳丘の形をなしていない場合も，いわゆる方壇形というのは後円部の円丘との結合という点では一応発展的形成の過程にあるといえる。こういう意味では，現在知られている遺跡の年代観にも関わらず，形式的な面だけからいうと，A型がB型より先に出現した可能性が高いのではなかろうか。

2 東アジアの前方後円形墳丘

日本列島のみで特徴的に発達した前方後円形の墳丘の起源についての関心は少なくとも1910年代以後存在していて，実際の探索により，いくつかの類似の墳丘を発見することとなった。実例は次のようである。

(1) 河南省密県の打虎亭古墳[4]は，主軸が東西であり，後円部形を西に前方部を東に配置した墳丘で，西丘は円丘形，東丘は頂上部が平坦な三味線の撥形をなしている。埋葬主体施設は両丘にあり，板状石造の石室は画像石と壁画で飾られている。この古墳について，森浩一は，その年代が3世紀ではあるが，日本の前方後円墳の起源を考えるに非常に重要な資料と評価している。とくに墳丘の裾に石垣状の石列があることから，後代の変形を受けていないと見られ，より貴重である。

(2) 湖南省長沙馬王堆漢墓[5]は，平面が長方形である西丘と円形である東丘が，馬鞍状に連結された単純な双墳の形をなしている。したがって，馬王堆1号・2号墳は，日本式の前方後円形墳丘の起源資料としては多少距離があり，むしろ韓国慶州の双墳と非常に近いといえるだろう。

(3) 外蒙古のノイン-ウラ古墳[6]は主軸が南北であり，北には截頭方錐形の墳丘を，南には細長方形の墳丘を長く配置した，あたかも日本の柄鏡式前方後方墳形のように見える。ただし，埋葬主体施設が漢代の土壙木槨式であり南方に長い斜坡墓道を設けている。前方部形は墓道を覆う封土にほかならず，この前方部の機能は日本のそれとは全く違うのである。しかし，墳丘の外形だけでは，前方後方墳として分類してもよかろう。

(4) 鴨緑江（長慈江）流域の慈江道楚山郡雲坪里と慈城郡松岩里からも積石塚の前方後円形古墳が知られている[7]。雲坪里6号墳と松岩里88号・106号がそれであるが，江岸の低い丘陵に位置し，円丘に方壇を繋ぎあわせて築造している。その特徴は方壇部が円丘に比べてかなり低い点であり，雲坪里6号墳の場合は地下から方壇を築造している。外形面からも機能面からも，前方後円形の古墳として分類すべきである。

(5) 漢江流域の石村里6号・7号墳[8]は長軸が東西であり，2基の墳丘が墳丘高の2/3地点である6mの高さで形成された点から，6号と7号は単純に2基の古墳が接続しているのではなく，ひとつの墳丘であることがわかる。したがって，2つの埋葬主体施設をもつ前方後円形墳丘と見て差し支えないだろう。

以上は，韓半島の南部地域と日本列島を除く東アジア地域で，日本の前方後円墳の源流として認められたことがあるか，または新しく発見・報告された古墳である。しかし，典型的な日本の初期前方後円墳と比べると，各々著しい相違点がある。というのは，打虎亭古墳は墳形は前方後円墳

に非常に似ているが，前方部にも後円部にも同じ性格と規模の埋葬主体施設が設けられている。ノイン－ウラ古墳は前方部が斜坡墓道の墳丘である。雲坪里・松岩里の古墳は前方部の形態が整斉されていないため，積石がずり落ちた部分との明確な区別が必要である。石村里6号・7号墳は打虎亭古墳と同じく2つの埋葬主体施設が施されている。しかし，以上の古墳は墳形のみを分類すると，前方後円形の古墳に編入することができるのではないか。このように，前方後円形の墳丘が広くまた数多く分布しているわけでなく限られてはいるが，目的と契機によって異形の墳丘として築造されたことがわかる。

3　日本前方後円墳の原型

　日本の前方後円墳の起源については，弥生時代後期の墳丘墓から発達したとみるのが日本学界の通説になっているようである。ところが，筆者はそういう通説にいくつかの疑問を感じている。まず，墳丘墓に前方後円墳の要素が含まれているとしても，果たしてその内部の一つの要素が，社会的環境や時代的な要請によって短時日のうちに急激に過大成長して突然変異的な形態へ発展できるかという点が問題である。弥生時代以降から古墳時代初期までは，縄文時代の伝統の主体的な発展よりは中国大陸と韓半島からの先進文化が季節風のように押し寄せる先進文化を受容する時期であった。その様相は文化要素と文化単位の一つ一つが断層的な形態をもって，段階的な過程として影響を及ぼす状態であった。その影響は磨製石器・青銅器・鉄器などの諸遺物，方形墳・円形墳の墳形と段築・葺石・石垣状石列などの墳丘付加施設，土壙木槨や竪穴式石室などの埋葬主体施設にいたるまで，古墳文化のすべての面で確認できる。墳丘墓と前方後円墳との関係はまるで猫と虎の関係にもたとえられるだろう。すなわち，猫と虎は同じ猫科に属するが，猫がいくら大きくなったと言えども，虎にはなれないのである。

　第二は，日本前方後円墳の特徴として，整斉された墳丘・段築・葺石・埴輪・竪穴式石室・割竹形木棺などの施設や銅鏡・鍬形石・石釧・車輪石などの副葬品を挙げている。勿論こういう要素と単位は組み合わされていて，外形的には大きい特徴のように見えるが，各々の要素を検討してみると，すでに韓半島の古墳でその存在が確認される

ことであり，部分的には地域化されている。そして，起源問題は前方後円墳の定型化以前の構造と様相，すなわち原型の検討と比較を通じて解明すべきであるが，一般的に前方後円墳が定型化された以後の形像から特徴を求め，それを観念化しすぎる傾向があるようである。

　筆者の考えとしては，日本前方後円墳の原型は韓半島から伝来された単純な前方後円形の墳丘であり，それに余他の古墳文化要素などが結合され，部分的に地域化の過程を経て，4世紀の後半に定型化の段階に入ったと思う。しかし，香川県石清尾山の前方後円墳は海路を見おろせる高い山の稜線上に位置している面と城堡的な面，また積石塚である側面から，時期と経路の異なる高句麗地域から伝来された可能性が高いといえる。

註

1)　これについては筆者のつぎのような著書と論文がある。『三国時代墳丘墓研究』嶺南大学校出版部，1984，『舞妓山と長鼓山』韓国精神文化研究院，1987，「海南マルムドム古墳調査概報」『三佛金元龍教授停年退任紀念論叢1－考古学編』1987

2)　泰潤里古墳の発掘調査概要は，筆者が1991年11月3日に江陵大学校で開催された韓国考古学全国大会と，1991年11月26日に福岡県教育委員会が主催した第6回国際学術会議で発表したことがある。

3)　姜仁求「韓国の前方後円墳追報」朝鮮学報，114，日本朝鮮学会，1985

4)　森浩一「打虎亭古墳の墳丘」，山田邦和「打虎亭漢墓見学記」古代学研究，91，1972，安金槐・王与剛「密県打虎亭漢代画像石墓和壁画墓」文物，1972－10

5)　湖南省博物館・中国科学院考古研究所「長沙馬王堆23号漢墓発掘簡報」文物，1974－7

6)　梅原末治『蒙古ノイン－ウラ発見の遺物』東洋文庫論叢27，1960

7)　李貞男「雲坪里高句麗古墳群第4地区積石塚発掘報告」朝鮮考古研究，1990－1
　　朝鮮遺跡遺物図鑑編纂委員会『朝鮮遺跡遺物図鑑』高句麗篇2，1990
　　姜仁求「平壌学界の高句麗古墳調査研究成果の分析」『北韓と韓国学研究成果分析』歴史芸術編，韓国精神文化研究院，1991
　　全浩天『前方後円墳の源流―高句麗の前方後円形積石塚』東京未来社，1991

8)　姜仁求『三国時代墳丘墓研究』14頁
　　（ハングル文のものは便宜上日本文に訳して掲載した―編集部）

＜口絵解説＞

韓国・金海良洞里遺跡

■ 中山清隆
女子聖学院短期大学講師

「魏志倭人伝」にみえる狗邪韓国の故地（韓国・金海付近）で，いま発掘が進んでいる。金海一帯には，著名な金海貝塚をはじめ，鳳凰台，大成洞，府院洞，良洞里，礼安里など，日本でいえば弥生中・後期から古墳前期にあたる頃の遺跡群が分布する。紀元前後から3〜4世紀にかけてのこれらの遺跡は，狗邪韓国から金官伽耶国へ成長する過程をよくものがたり，かつ対倭関係，日韓交渉上注目すべき内容をふくんでいる。

ここに紹介する良洞里墳墓群もそうした重要遺跡の一つで，狗邪韓国の有力な首長とその一族の墳墓群である。

良洞里遺跡（慶尚南道金海郡酒村面良洞里）は，1969年に鉄剣，鉄矛とともに方格規矩鏡，青銅製剣把，剣把頭飾などの一括遺物が出土して注目されていた遺跡である。1984年には，文化財研究所と国立晋州博物館によって土壙墓，木槨墓，甕棺墓計31基が調査され，報告されている。

今回紹介するのは，1990〜91年にかけて，東義大学校博物館（団長・林孝澤教授）によって調査された分で，BC1世紀頃からAD4世紀におよぶ多くの遺構・遺物が明らかにされた。

検出された遺構は墳墓206基で，土壙木槨墓（149）が主体をなし，甕棺墓（34），竪穴式長方形石室墓（12），土壙木棺墓（6），積石木槨墓（4），石棺墓（1）となっている。また遺物総数は1,150点にのぼる。具体的な内容を162号墓と55号墓などでみることにしよう。

162号墓は墓壙の長さ5.0m，幅3.4m，深さ1.2mの木槨墓で，中国（漢）鏡2面，仿製鏡8面，環状銅器1点，鉄剣6点，鉄矛（大型1，中型10余点），鉄鏃60余点，鉄鋧1，板状鉄斧40余点，玉製頸飾などが出土した。

162号墓は，大型木槨墓としては出現期のもので，漢鏡を含む10面の鏡は，被葬者の社会的立場をよくものがたる。とりわけ興味をひくのは，木棺底部の四隅に板状鉄斧を10枚ずつ配置した状態である。被葬者は鉄を掌握した支配層であり，各種の豊富な鉄製品は魏書弁辰条の記述を実感しうる内容である。大型の鉄剣，鉄矛とあわせて韓族の葬送にさいしての思想，つまり辟邪思想や死生観を考える上に重要である。釜山・福泉洞古墳群でも棺の下に鉄鋧をしいた例があるが，その先蹤をなすものといってよい。鉄鋧は，南部朝鮮では初出資料で，平壌・貞柏洞の土壙墓などに出土例がある。木槨墓の出現時期や系譜とあわせて検討する必要があろう。鉄・青銅製品などの豊富な内容に比べ土器の出土が1点（軟質の台付長頸壺）しかないことも本墓の特徴である。

55号墓（木棺墓）からは鏡，玉類，把頭飾付剣が出土した。鏡は墓壙底面の穴（一種の腰坑）から出土したと

いう。内行花文系で，櫛歯文と8つの乳をもつ仿製鏡である。かかる「腰坑」状の穴は茶戸里1号墓でも確認されており，中国的な伝統の名残なのか，三韓における墓制上の特徴の一つといえる。剣把頭飾は長崎県対馬・恵比須山出土のものと酷似する。

90号墓出土の広鋒銅矛は弥生後期の銅矛——倭国産の可能性がある。弁辰の地では大邱・晩村洞，固城・東外洞，金海・明法洞などで中広，広形銅矛が出土している。

建武20年（44），韓人蘇馬諟らが楽浪郡へ朝貢したという記事（『後漢書』韓伝）をあげるまでもなく，すでに半島南部の韓族社会の首長たちは，楽浪との政治的関係（冊封）を通じて漢文化を受容しており，たとえば慶州・朝陽洞，昌原・茶戸里，蔚山・下垈遺跡出土の漢鏡，漆器，銅鼎など，顕著な中国系遺物があらわれる背景には楽浪郡の南部朝鮮に対する直接・間接的な影響力を考えないわけにはいかない。

茶戸里遺跡出土の各種遺物は，楽浪漢墓を彷彿させる内容で，おそらく被葬者は楽浪郡の支配下に組み込まれた在地系韓人の首長かその一族であろう。遺跡のある地域は弁辰諸国の「接塗国」に比定されようが，隣接する有力国，狗邪韓国の影響下におかれていたにちがいない。

良洞里でかつて出土した後漢初期の方格規矩四神鏡は，佐賀県桜馬場鏡，福岡県志賀島金印などとともに楽浪郡と半島南部地方，倭をつなぐ考古資料で，さきの蘇馬諟らの朝貢の具体性を裏付ける証拠物でもある。狗邪韓国は韓の諸国の中心的存在で，対馬，壱岐，末盧をへて奴国へいたるいわゆる倭人伝の道の大陸側の門戸であり，物流センターのかなめとして，倭の権力構造が畿内に移っても，金海は依然重要な交易拠点であった。

漢鏡は，洛陽焼溝漢墓の分類でいえばⅥ期の型式に近い。

仿製鏡については製作地と時期をめぐって研究者間に議論がある。すなわち162号墓出土の仿製鏡を韓鏡とみるか倭鏡とみるかで意見がわかれている。申敬澈氏はすでに朝鮮半島南部では，紀元前後に完全な鉄器段階に入っており，青銅器生産の証拠がないこと，仿製鏡は作風から北部九州の弥生後期の倭製で，木槨墓の型式から3世紀中葉〜後半とみている。申氏は，伽耶の古墳時代のはじまりを大型木槨墓の出現に求めるので，162号墓の提起する問題は重要である。大型の木槨墓の出現にはじまると考えているからであろう。

それに対して調査者である林孝澤氏は，すでに嶺南（慶尚道）では永川・漁隠洞鏡などにみるごとく，小型仿製鏡をつくる伝統があり，完全な鉄器段階であっても儀器としての青銅器製作は継続していたとみる。そして162号墓の時期を2世紀後半とし，申氏の考えと約1世紀の開きがある。三韓地域では倭に比べて青銅器はより儀器としての性格が強く，また対馬出土の国籍不明の異形青銅器類（弥生後期）の輸入元は金海付近と推定しうるので，青銅器製造の終末の問題はいまなお断案を残すといってよい。朝鮮における青銅器の伝世問題は，今後慎重に議論を深めるべきであろう。

●最近の発掘から

竪穴式石室を伴う前方後円墳──大阪府峯ケ塚古墳

笠井　敏光　羽曳野市教育委員会

　史跡峯ケ塚古墳は，羽曳野市軽里2丁目に所在し，古市古墳群の南西部に位置する前方後円墳である。大規模な前方後円墳が密集する古市古墳群にあって立ち入ることができる数少ない古墳のひとつとして，また周辺に立地する後期の古墳の指標として重要である。

　昭和49年に国の史跡に指定され，その後順次公有化を計り，現在では墳丘部を中心に全体の約6割の買収が完了し，今後も継続して事業を進めているところである。昭和62年度からは，古墳を含む約5.7haを都市計画公園の対象範囲として位置づけ，古墳の保存・整備を行ない将来は古墳の姿が具体的に理解され，また住民の学習の場としておおいに活用されることを目的としている。

　整備に関する基本調査・構想・計画の立案を進める一方，発掘調査も計画的に行なうこととなり，平成3年度には墳丘部の調査に着手することになった。

1　位置と環境

　大阪府の東南部に位置する古市古墳群は，大小百基以上の古墳で構成される有数の古墳群である。群内には，大王墓（宮内庁のいう陵墓）を数多く含んでおり特色のある内容を示している一方，不明な点も多く情報量は極めて限られている。

　とくに群の南部には後期の古墳が分布しているといわれているが，その内容はほとんどわかっていないのが現況である。その中での峯ケ塚古墳の役割は大変大きいものがある。

　古墳の周辺には，「丹比道（後の竹内街道）」が東西に通過し，古代の運河である「古市大溝」が掘削されており，交通の要点にあったことは否めない。

　古墳の伝承については，「イキ谷」という字名が残っているところから江戸時代には，日本武尊の白鳥陵と考えられ祭祀が行なわれていた。また，古墳が所在する「軽里」という地名は，以前には「軽墓」と呼ばれていたことから，日本武尊の「仮の墓」が訛ったものか，允恭天皇の皇子「軽皇子の墓」に基づく伝承が残っている。

2　今までの調査

　昭和62年度に古墳北側の史跡範囲外で公園工事を行なうことに伴い調査を行なったところ，予想しなかった二

重目の濠を確認した。

　平成元年度には，予備調査として現況観察・測量・写真の各作業を行なうとともに，地中レーダー探査を行ない，濠・堤の規模や埋葬部が確認できた。

　平成2年度には，第一次の本格的調査として，墳丘裾から内堤にかけてトレンチを設定し内濠・内堤・墳丘の規模と構造の確認を行なったことにより各部の規模が明らかになった。つまり，墳丘長96m・後円部直径56m・前方部幅74.4m・内濠幅11m・内堤幅18m・外濠幅8m・墓域長168m・墓域幅148mである。

3　今回の調査

　墳丘部の構造・規模・形態，外部施設の状況を知る目的で発掘調査を行なうとともに，土木工学調査も併せて行なった。

　調査は，平成3年10月21日から平成4年3月末日までの期間で，墳丘後円部頂および斜面に約1.5m幅で調査区を設定し，墳丘の構築状況の確認を行なった。

　葺石の状況は東調査区において確認でき，円礫を墳丘全面に葺くという状況ではなく，墳丘の一段目テラスから二段目への斜面裾に盛土工程の途中で差しこむように数段葺かれているという特徴的なものである。石材は，二上山周辺で産出する安山岩で，しかも角礫であるところからその入手にあたっては遠距離の運搬を考えなければならない。また，このような葺き方は，隣接する仁賢陵（野中ボケ山）古墳でもみられるので今後検討すべき課題のひとつと考えられる。

　墳丘の盛土構造については，土木工学調査の成果前であるので肉眼観察による記述にとどめるが，その様子は非常にち密に粘質土と砂質土などの性質の異なった土砂を盛り，突き固めていることが確認できた。その盛土単位は極めて小さく，約2cm程度の厚みで細い縞状として観察される。現在，進めている土木工学調査の結果が出るとさらに細かい数値として盛土の状況や労働力の大きさが判明するだろう。

　外表に設置されていた埴輪は，東調査区のテラス部分において検出した。復元した底部径は30～35cmで，タテハケメ調整のみのものが多数を占めるが，若干のヨコハケメによる二次調整も認められる。

　後円部頂中央において東西7.5m，南北5mにも及ぶ

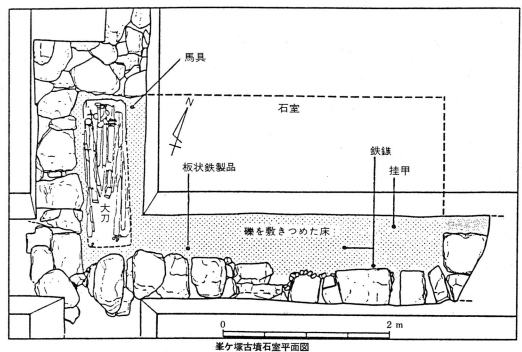

峯ケ塚古墳石室平面図

大きな攪乱（盗掘）壙を確認。埋土からは埴輪や礫・金属製品・ガラス玉などと共に盗掘の証拠品である瓦器椀や竹の燃えかすが出土した。

埋土を取り除くと，現地表面下約2.3mのところで石室が現われた。床面での規模は，東西4.5m，南北2m，高さは推定1.5mである。石室は一部未調査の部分を残しているが，現在は竪穴式の構造を考えている。石材は葺石と同様に安山岩で，ひとつの大きさは縦50〜60cm・横40〜50cm・厚さ15〜20cmの板状であった。

その構築方法は，墳丘盛土のある段階で平坦面をつくり，石室の基礎工事として礫敷をおよそ4×6.5mの範囲に行ない，石室材を組み，下2段の石材の高さ（約50cm）まで礫で埋めるものである。

石室の南辺は，古墳主軸上に位置し計画的に配置され，また石室のための掘方がみられないことから古墳の墳丘築造の過程で築かれていることは明らかであった。

石室の礫（床）面では，鉄鏃・挂甲・板状鉄製品・大刀一括・馬具などが原位置で検出された。

出土した遺物をその種類によって記すと，武器としては，大刀とそれに伴う刀装具・魚佩があげられる。大刀は長さ90〜120cmで15口以上，そのうち鞘入りが7口，銀製ねじり環頭が3点，刀装具は直弧文を刻んだ鹿角製や木製のもの，把縁や鞘口には銀製の装飾がされていた。魚佩は金銅製で2組以上あった。

鉄鏃は柳葉形が中心で2ヵ所において集中的に出土した。その他には刀子が数点ある。

武具としては，挂甲の小札が多数出土し，大・小2種類の大きさが確認できた。

馬具は，轡2点，木芯鉄板張壺鐙1点，鞍一式，辻金具数点がある。

装身具および玉類としては，銀製三叉形垂れ飾5点以上，銀製花籠付垂飾2点以上，金銅製歩揺5点以上，青色と緑色のガラス小玉が約1,200点以上，冠と思われるガラス玉付金銅製品片400点以上，銀製の空玉約50点，碧玉製管玉約50点，滑石製勾玉1点，ガラス玉付金銅製三輪玉数点などである。

その他として，楯の可能性が高い板状鉄製品（長さ70cm×幅18cm）1点，大刀の周辺から出土した金銅製および銀製の花形飾が50点以上，人骨が数片，20〜30歳代の成人と考えられる臼歯・犬歯など4点，大刀の鞘尻部分より2個1セットで出土した青銅製の鈴が8点，阿蘇山周辺の石材でつくられた石棺片数点，円筒埴輪数点，瓦器椀片数点などである。

4　むすびにかえて

現地調査を終えた現在，測量図や写真などとともに遺物の整理を行なっている途中であるので出土点数や種類などは5月10日現在であることをお断りしておきたい。また石室の年代にあたっても5世紀末〜6世紀初の中で検討している段階である。

今後は，出土遺物の洗浄から図化，大刀などのX線放射による映像，保存処理を行ないながら，より詳細な総合的研究の必要性を痛感している。各位のご教示を賜りたい。

●最近の発掘から

長岡京の東院跡 —————京都府長岡京跡

山中　章　向日市埋蔵文化財センター

　長岡京は桓武天皇によって延暦3（784）年11月11日，平城京より移され，延暦13（794）年10月22日，平安京へ移されるまでの10年間，日本の政治，文化，経済の中心地となった古代都城である。この長岡京跡の調査が始められて38年，調査回数は間もなく1,000回に達しようとしている。この数多い調査の中でも例のない大規模で整然とした遺構が，1991年4月から実施されている長岡京左京二条二坊十町での発掘調査によって明らかになった。

1　遺構と位置

　遺跡は，長岡京の条坊名称で示せば，南を二条条間大路，北を二条条間北小路，西を東二坊坊間小路，東を東二坊坊間東小路で区画される宅地の中央に位置している。最近の長岡京条坊制の研究によれば，宅地は宮城東面街区に相当し，東西400尺（118.4m），南北375尺（111m）の規模を測る。遺構は，中央の内郭と東・西・南外郭とからなる。内郭は，宅地東西の中軸線に合わせて北から後殿，正殿，八脚門の3棟の掘立柱建物を並べ，中軸線の東西24m（80尺）の位置には，南北に伸びる柵列とこれに取り付く脇殿各1棟を配置する。正殿は身舎の梁間3間，桁行7間，南北に廂の付く東西棟で，柱間は身舎が10尺等間，廂が15尺を測る。後殿は身舎の梁間2間，桁行5間，南に廂の付く東西棟で，柱間は身舎が10尺，廂が12尺を測る。脇殿は東西とも同規模で，梁間2間，桁行7間の南北棟で，柱間は10尺等間を測る。脇殿の背部の柱には南北に柵列が取り付き，北には10尺等間で5間延びる。南は改作があり，当初10尺等間で9間が，改作によって9尺等間10間（南から2間目は14尺）に変えられる。八脚門は梁間9尺，桁行が両端が9尺，中央が14尺を測る。八脚門の柱間のみが9尺を基準としていることから，門は改作後に取り付けられた可能性もある。八脚門の東西両側からは平行する2条の溝が検出されており，築地塀の雨落ち溝と推測されている。

　東外郭には4棟の掘立柱建物があり，内郭同様基本的に10尺（3m）方眼上に柱位置が設定されている。東外郭北端には内郭後殿と相似形の2棟の東面廂をもつ建物があり，その北辺の柱筋は後殿の柱筋と一直線上に揃う。中央にも後殿相似形の建物があり，その柱筋は内郭正殿の南入側柱心に揃う。この建物は改作を受けてお

り，梁行の柱間が7尺に変更され，廂も北側に付け変えられる。南辺には，北に廂をもつ東西棟の掘立柱建物があり，この柱間は唯一9尺（2.7m）を基準とする。改作後に設けられた可能性がある。大半の柱は抜き取られているが，一部残存する柱の直径は，内郭柵列の改作後のものと同規模である。西外郭については現在調査中であり，詳細は不明である。また，南外郭には少なくとも八脚門から南15mまでは，いかなる施設も設けられていない。

　出土遺物は極めて少なく，宅地利用者を特定する素材は少ない。しかし八脚門や正殿周辺から出土する瓦の中に，延暦10（791）年4月の山城国内の塔修理用軒瓦の出土する点が注目される。瓦の時期は，これら建物群の建設・改作時期を限定する貴重な材料となる。また宅地の北を区画する二条条間北小路南側溝から，天皇の食事を示す「供御」と記された土器が出土している。なお，建物の抜取り跡や周辺の造成時に設けられた塵処理穴から大量の檜皮が出土している。大半の建物は檜皮葺であったとわかる。

　以上の建物群の特徴は，第一に，3m（10尺）の方眼上に正確に割り付け，各建物相互の柱筋を揃え左右対称性を重視していることである。京内にあってこのような構造をもつ建物群は長岡京ではじめてである。第二に，正殿の構造が特異で，8世紀以降の古代都城の建物で，身舎の梁行を3間とする建物は，平城宮，長岡宮，平安宮の内裏正殿（紫宸殿）にみられ，長屋王邸宅の正殿（SB4500）が同様の構造を採ることである。梁行を3間とする建物は，この時期，天皇または皇親の施設として用いられる特殊な建築様式であった。第三に，東外郭部にも大規模な建物群が内郭の建物配置と同様の規格性をもって設けられていることである。このような要素をすべてもつ遺構群は，これまでどの都城からも検出されたことはなかった。

2　建物群の性格

　ではこれらの建物群は，誰が，どのような目的で利用していたのであろうか。

　建物群の配置は，いわゆる「コ」字形の官衙的配置を示す。しかし伝統的に古代都城において，左京にこのような大規模な官衙が所在したことはない。勿論，貴族階

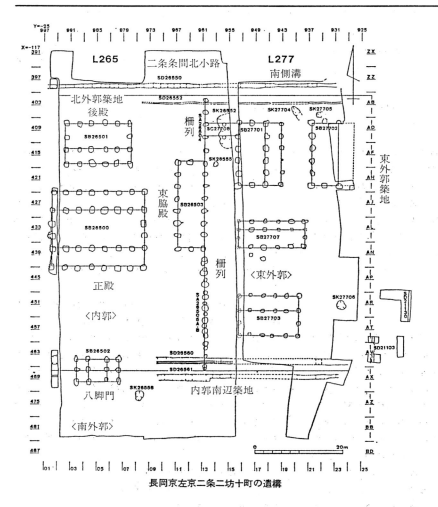

長岡京左京二条二坊十町の遺構

ため，桓武天皇が遷御し，内裏として一時的に利用した施設であった。建物群を内裏と比較すると，内郭の左右対称施設は正庁域に，東外郭の大規模建物群は，後宮的施設に比定できる。

さらに周辺部の状況も京内にあっては特異な状況を呈している。二条二坊九町からは，政所宛に輿車の部材を進上した木簡が出土し，一条二坊十二町からは「内膳」と記した墨書土器が宅地内に畑を有する官司跡から廃棄されており，北東の二条二坊十五町からは，仏具を容れた漆塗の櫃などを保管していたことを記した木簡が出土し，二条二坊七町からは建築用の雨壺などを鋳造した金属工房跡が発見されている。これらもまた天皇クラスの最高権力者の存在を傍証する資料である。東院周辺の宅地利用の実態は，宮城内の内裏周辺に所在する内廷官司のごとき様相を呈している。

3 まとめ

近年の都城を中心とする7〜9世紀の古代遺跡の発掘調査は予想以上に多くの資料を提出し，文献からのみ研究されてきた古代社会の様相を，より具体的に，詳細に研究する余地を生み出しつつある。都城に関しても，平城京や長岡京から次々と提出される新しいデータは，これまでの平安京像すら変えようとしている。とくに遺構の保存状況が悪く，文献記載の事実を調査において確認することが大変困難な初期平安京については，直前の都である長岡京の資料が重要なものになりつつある。東院の調査で示されたように，平安京の原形とも言える施設が，長岡京に遺存しているからである。平城京や平安京の研究の補助資料としてではなく，古代社会全体の大きな変換点に位置する遺跡として，長岡京の重要性はますます高まりつつあるといえよう。

級が官衙的配置の宅地を利用した可能性は極めて少ない。さらに，南面が築地で閉塞され，格調の高い八脚門が設けられる点も例が限られており，内郭施設の特殊性を示している。とくに正殿の構造は，利用者を限定する最も重要な要素である。つまりこれらの諸要素をすべて必要とする施設は，天皇の離宮をおいて他なかろう。

古代都城において，宮城の東面には，伝統的に離宮や天皇関係者の施設が設けられている。とくに，平城京の東院は二条二坊西半部に位置し，平安京初期にみられる近東院は，後の冷泉院（二条二坊三〜六町）に所在したと推定されている。いずれも本調査地に近い宮城の東面である。長岡京期に離宮は，文献史料上7例ある。内4例はすでに有力な推定地があり，残る3例が候補となる。猪隈院，東院，木蓮子院である。しかしもっとも有力なのは，内裏の真東に位置し，少なくとも延暦12年以降，つまり軒瓦の時期に近い長岡京後期に内裏的機能を果たした東院であろう。東院は『日本紀略』によれば「遷御於東院縁欲壊宮地」とあり，平安京遷都の準備の

豊富な副葬品を出土した
大阪府峯ヶ塚古墳

峯ヶ塚古墳は大阪府の東南部，古市古墳群にある古墳時代後期の前方後円墳である。史跡整備に基づく平成3年度の調査では，偶然にも後円部で石室が発見され，大量の大刀や金銀の装飾品が出土し，当時の技術の高さや朝鮮半島との関係などが議論されている。

構　成／笠井敏光
写真提供／羽曳野市教育委員会

峯ヶ塚古墳全景

←石室（西から）　　↑大刀出土状況（西から）

↑石室全景（南西から）　　大刀詳細（西から）→

大阪府峯ヶ塚古墳

銀製三叉形垂飾

銀製花形飾

銀製花籠付垂飾

青銅製鈴

金銅製魚佩

東院跡が発見された
京都府長岡京跡

構成／山中 章

長岡京東院跡は一町四方を占地する広大な遺跡である。しかし東院は一町だけで機能していたのではなく、周辺部に設けられた諸実務的官司を合わせた九町四方で維持されていた可能性が強い。（読売新聞社提供）

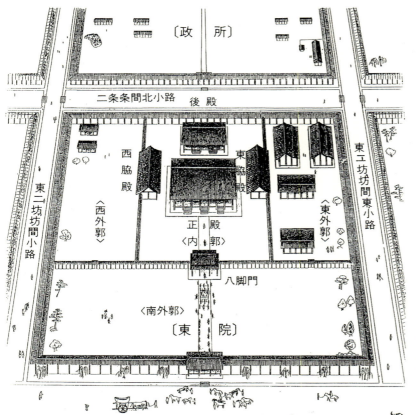

内郭の建物群（人の立っている所が柱跡）は宅地中央に軸線を揃え，左右対称に，十尺（3.0m）方眼の設計図によって正確に設けられていた。正殿の規模は古代都城の京域建物として最大で，柱の掘り方は一辺1.2mの隅丸方形を呈し，柱は直径60cmと推定できる。（共同通信社提供）

京都府長岡京跡

このような建物群を推定復原したのがこの図である。内郭は南北辺を瓦葺きの築地塀，東・西両側を板または土塀で囲う。建物は，正殿の一部に瓦が用いられたほかは，すべて檜皮葺であった。

連載講座

縄紋時代史

14. 縄紋人の領域（1）

北海道大学助教授

林 謙作

「縄紋人の領域」といっても，漠然としているかもしれない。前回まで説明してきた縄紋人の生業，その舞台となる空間を「領域」という言葉でとらえることができる。ひとつの土器型式の分布する範囲も，それがなにを意味するのかはべつとしても，ひとつの領域とみることもできる。さらに，系統的なつながりを確認できるいくつかの型式，つまり岡本勇の型式群・小林達雄の様式，の分布圏をひとつの領域と解釈する場合もある。

要するに，領域という言葉は，少なくともいまのところ，かなりさまざまな意味合いでもちいられており，その中身もはっきりと定義できないのが現状だろう。ここでは，いくつかの具体例を緒口として，縄紋人の社会のなかの「領域」の姿をとらえてみることにしよう。

1. 新田野貝塚の事例

1-1. 新田野貝塚の概要

千葉・新田野貝塚[1]は，房総半島を横断して流れる夷隅川の下流域の低位段丘の裾にある。花積下層・五領ヶ台の両時期の貝層が検出されており，遺物もこの時期に集中している。立教大学考古学研究会による分布調査の結果によれば，遺跡を中心としたおよそ16km四方の範囲には，花積下層期の遺跡が2ヵ所（ただし1ヵ所は不確実），五領ヶ台期のものが5ヵ所分布している（図1）。

貝層はいずれもともに南北8m，東西2m前後の範囲におさまる。前期の貝層は，中心となるJ貝層（6.0×2.0～1.5×0.3m）のほか，小規模なブロックが5枚（E・G・K・M・N）あり，中期の貝層もD貝層（4.4×2.0×0.3m）のほか，ブロック状の貝層7枚（A・B・C・H・I・Q・O）を含む。

貝層を構成する貝は，前期の層で25種，中期の

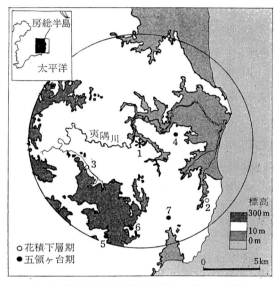

図1 新田野貝塚の遺跡テリトリー（註2に加筆）
1 新田野，2 大原，3 堀之内，4 鴨根，5 芳賀，
6 花里，7 新宿

層で18種，あわせて30種になる。赤沢威は，これらの貝類を，棲息する区域によって，つぎのように整理している[2]。

(1) 河川―河口域に棲むもの（ヤマトシジミ）
(2) 内湾に棲むもの（キサゴ，カワアイ，ウミニナ，ツメタガイ，アカニシ，ハイガイ，マガキ，アサリ，オキシジミ，ハマグリ，オオノガイ）
(3) 内湾―外洋に棲むもの（イシダタミ，イボニシ，バイ）
(4) 外洋に棲むもの（サザエ）

新田野貝塚から出ている貝は，内湾に棲むものがもっとも種類が多い。そればかりでなく，二枚貝にくらべ巻貝が少ないこともめだつ（表1）。貝層が堆積していた頃の周囲の環境が，浅い入江・あるいは川口で，巻貝の棲息にはあまり適してはい

表 1 新田野貝塚の貝層の組成（註1による）

棲息地	種名	前期		中期	
		J貝層	E貝層	D貝層	A貝層
外洋	サザエ	13		20	
内湾－外洋	イボニシ	5	1		
	バイ			71	2
内湾	キサゴ	4	1	43	11
	カワアイ	4		52	
	ウミニナ	5		25	
	ツメタガイ	7			
	アカニシ	6			
	ハイガイ	106	2	3	
	マガキ	813	5	24	3
	アサリ	135	6	1	
	オキシジミ	5261	136	376	22
	ハマグリ	90	29	100	12
	オオノガイ	209		1	
河口・ラグーン	ヤマトシジミ	4327	542	109416	4929
		10985	723	110132	4979

なかったと推測できよう。

前期の貝層では，オキシジミ・ヤマトシジミが40〜45％前後の比率を占め，これにマガキがくわわる。なお，オキシジミがヤマトシジミよりも多い場合（J・K）・ヤマトシジミがオキシジミよりも多い場合（E・N）があり（表1），前者は後者よりも古い時期に堆積したもので，貝層は南から北にむかって堆積していった，と推測されている[3]。中期には，ヤマトシジミが圧倒的に多くなり，99％前後の比率を占めるようになる。前期のJ貝層ではマガキが7.4％の比率を占めていたのに，中期のD貝層ではわずか0.02％になってしまう。オキシジミの棲息する内湾が縮小し，ヤマトシジミの棲息する河口やラグーンが拡大した結果だ，と推定されている[3]。新田野貝塚のヤマトシジミの殻長の平均は25〜26mmで，現在の利根川流域の淡水域でとれる個体に近いという[4]。この点からみても，淡水域が拡大し，貝層の組成が変化した，という推測は妥当なものだろう。

魚類は，前期でも中期でも，スズキとボラが多く，あわせると60％をこし，のこりをクロダイ・コチが埋めるという傾向に変化がない。ただし前期にくらべると，中期の魚類の出土量は少なくなる。鰓蓋骨から割りだした個体数は，スズキは中期28・前期188，ボラは中期43・前期164。中期にはスズキは前期のほぼ1/6，ボラも1/4ほどになる。包含層の体積も考えにいれねばならぬから，この比率をそのまま鵜呑みにすることはできないが，中期になると魚の出土量が減ることは間違いないだろう。魚類の場合には，貝類のように優占種が変化するのではなく，環境が変化した結果，捕獲量が減っているのだろう。

新田野貝塚には，貝類ではサザエ，魚類ではマダイ・コショウダイのような岩礁性の外海に棲むものも皆無ではない。鳥類のなかのアホウドリ，哺乳類のなかのマイルカ・バンドウイルカなども，外洋性の要素である。しかし，これらの種はいずれもきわめて少数である。アホウドリやイルカ類は内湾・河口に迷いこんでくることもある。新田野貝塚の住民が利用した水産資源は，前期には内湾・中期には河口／ラグーンを棲みかとするものであった。

1-2. 新田野貝塚の遺跡テリトリー

赤沢は，この結果にもとづいて，新田野貝塚の住民の「遺跡テリトリー」の復元をこころみている。「遺跡テリトリー」とは，「その遺跡に居住していた集団が日常的に食料など各種資源を調達していた領域であり，それは明確に閉じた系を意味している」という（傍点筆者）[5]。赤沢は，遺跡テリトリーの目安として，半径10kmの範囲を想定する。これは，ヨーロッパ・中近東・アフリカなどで狩猟採集民の生業活動の行動半径としてもちいられている数字である[6]。

すでに述べたように，新田野貝塚の水産資源には，いまでは新田野貝塚の周辺にはみあたらぬ内湾性の要素がめだつ。赤沢は，貝層の堆積がはじまる前期初頭が，縄紋海進のピークにあたることを考えにいれて古地形を復元し，いまの夷隅川の流域に入江（古夷隅湾）が存在していたことを指摘する（図1）。古夷隅湾をはじめとする入江は，半径10kmの遺跡テリトリーの15％弱の面積をしめており，新田野貝塚の前期の貝層の内湾性の魚介類はここで捕獲されたもので，「古夷隅湾が新田野貝塚民によって恒常的に（中略）食料調達に利用されていたテリトリーであったことは否定できない」という[7]。

その一方，半径10kmの範囲には，古夷隅湾の外にひろがる外洋も含まれ，その面積は，全体の10％弱と推定される。しかし，これもすでに説明したように，新田野貝塚から出土している魚介類はいうまでもなく，鳥類・哺乳類にも，外洋性の要素は皆無ではないにしても，ほとんどめだたない。赤沢は，これらの外洋性の要素は，新田野貝塚の住民がたまには外洋まで足をのばしたのか，あるいは古夷隅湾の一部にこれらの魚介類が棲息できる区域があってたまたま捕獲されたのか，いずれにしても「テリトリーの外枠を半径10kmに

表 2　新田野貝塚Ⅶ層（前期）のシカ・イノシシの四肢骨

	肩甲 左右	上腕 左右	橈骨 左右	尺骨 左右	中手 左右	寛骨 左右	大腿 左右	脛骨 左右	距骨 左右	踵骨 左右	中足 左右
シ　カ	42	16	42	24	23	35	21	4·3	65	57	2
イノシシ	31	15	57	95	--	24		72	62	111	--

求めることは，少なくとも海産物の調達に関する
かぎり広すぎることがわかる」[8]という。

1-3. 遺跡テリトリーの構造

ここに紹介した赤沢の意見は，遺跡テリトリー
の復元の手法を，縄紋時代の遺跡にはじめて適用
した例である。上に引用した赤沢の意見は，妥当
なものであるし，ひとつの遺跡の住民が利用して
いたテリトリーを具体的に裏付けた，という点で
大きな意味がある。ただし，この遺跡テリトリー
が，赤沢がいうように，完全に閉じた系であるか
どうかとなると，問題がある。このテリトリーが
「閉じた系」であるとすれば，新田野貝塚に住ん
でいた人々は，すべての「各種資源を日常的に調
達」することができたことになる。

たしかに，魚介類を観察したところでは，古夷
隅湾を中心とするテリトリーは，新田野貝塚の住
民に十分な食料を供給していたように思われる。
ザル・カゴの類があれば，貝類の採集はおこなえ
る。鹿角製の釣針・骨製のヤス・石錘などの漁具
も，少数ではあるが出ている。これらの道具の原
料は，網の原料となる樹皮類とおなじく，古夷隅
湾の沿岸で手にいれることができただろう。魚介
類の捕獲・採集に必要な道具の原料も，このテリ
トリーのなかで調達できた，と推測できよう。

ところが，新田野貝塚からは，滑石の玦状耳飾
や，黒曜石の石鏃など，この地域には分布しない
原料をもちいた遺物が出土している[9]。日用品と
はいえない玦状耳飾はともかく，80点前後の石鏃
のうち，黒曜石がもっとも多いという。その産地
がどこであるにしても，常総台地の外から持ち込
まれていることはたしかだろう。新田野貝塚の住
民は，狩猟具の原料はほかの地域から供給をうけ
ていたのであり，その点では古夷隅湾沿岸のテリ
トリーは「閉じた系」にはなっていない。

さきに，千葉・貝ノ花，同・山武姥山などのシ
カ・イノシシの骨に部位・左右の不均衡が観察さ
れることを指摘し，集団狩猟の獲ものの分配がそ
の原因ではないか，と述べた[10]。これとおなじ現
象は，新田野貝塚でも観察できる（表2）。もちろ

ん，獲ものの分配という要素だ
けでは，左右の釣合が取れなく
なる原因を説明できない。たと
えば，シカの橈骨の数は左4個
・右2個で左側が多く，尺骨は
左2個・右4個で，橈骨とは反
対に右側が多い。橈骨と尺骨は靱帯に包まれてい
て，解体したときには一本の骨のようになってい
る。だから，解体が終ったばかりの時に，左右の
橈骨・尺骨の数がそろわなくなるはずはない。こ
のようなことになるのは，解体・配分が終ったの
ち，道具の原料にする骨を選んだり，肉片のつい
た骨をイヌの餌にしたりする時のことだろう。

しかし，距骨・踵骨などは，道具の原料として
およそ利用価値はないし，たとえイヌの餌にした
としても，頑丈な骨なのでかみ砕かれてしまう可
能性は低い。ところが，表2にしめしたように，
これらの骨は，シカでもイノシシでも，左右の不
釣合がもっともめだっている。解体した獲ものを
集落に持ちかえったのちに，釣合がとれなくなっ
た，とは考えにくい。肢肉のうち左右どちらかだ
けが，持ち込まれることが多かったのではない
か。集落の外で消費されたもの・ほかの集落に運
ばれてしまったものもあるのではないか。ここで
出ているシカ・イノシシのなかにも，新田野貝塚
の住民以外の人々も参加した集団狩猟の獲ものも
含まれている，と考えるべきだろう。

本題からそれた説明が長くなってしまったが，
新田野貝塚の住民が，ほかの集落の住民と共同し
て狩猟をしていたとすれば，古夷隅湾沿岸のテリ
トリーを，閉鎖システムと考えることは無理だ，
ということになる。ほかの地域から運んできた黒
曜石を原料にした石鏃が多いというのも，こと狩
猟具であるだけに，共同狩猟とかかわりがない，
とはいい切れない。新田野貝塚の住民は，共同狩
猟のような機会に黒曜石を入手した（あるいはその
逆）かもしれないが，これは憶測にすぎない。

新田野貝塚の住民が，四季を通してここに住み
ついていたのかどうか，確実にはわからない。た
だし，小池裕子はヤマトシジミの成長線分析にも
とづいて，春に取れた貝が中心となり，晩秋（場
合によっては初冬）まで堆積がつづく場合（一般型）
と，かぎられた季節（夏・秋）に集中する場合（変
異型）があることを明らかにしている[11]。一般型
の貝層は規模が大きく，変異型の貝層は小規模な

ブロックである。一般型の貝層は，住民が四季を通して住みついていた場合にできたと解釈してもよかろう。変異型の貝層ができるのは，
(1) 一時的に貝殻を捨てる場所を変えたとき
(2) 新田野から移住した人々が，一時もとの集落に戻ってきたとき

のどちらかだろう。

さきに触れたように，新田野では前期のオキシジミ・ヤマトシジミの貝層が，中期にはほとんどヤマトシジミばかりに変化している。しかし，前期・中期の魚類の組成には，これほどきわだった変化は起きていない。赤沢は，この理由をつぎのように説明する。前期前葉からのちになると，海岸線はいまの位置に近づく。前期には新田野貝塚の間近かにあった古夷隅湾は，中期には古夷隅川になる。中期の新田野の住民は，前期とおなじように入江を棲みかとする魚介類を捕ろうとすれば，前期よりも遠出をしなければならなくなる。女・子供は「海岸まで出かけることをやめ，古夷隅川ぞいでもっぱらヤマトシジミを調達していた」。しかし男たちは，中期にも入江のあるところまで出向いてスズキやボラを捕獲した[12]。

前期初期と中期初頭の新田野貝塚の住民の生業活動の変化，それは赤沢の指摘の通りに違いない。ただし，女・子供が「海岸まで出かけることをやめ」た，というところは誤解をまねくかもしれない。つぎのように説明すればよいだろう。子供づれの女性が動ける範囲は，男性だけが動く範囲よりもせまい。花積下層期には古夷隅湾が新田野のすぐ近くにあり，オキシジミを採集できる場所も子供づれの女性の行動範囲のなかに収まっていた。しかし五領ケ台期には，海岸線が後退したため，子供づれの女性の行動範囲には，オキシジミを採集できる場所はなくなり，ヤマトシジミしか採集できなくなったのだ。

このように考えると，赤沢の指摘している「遺跡テリトリー」のいまひとつの側面が浮びあがってくる。新田野の遺跡テリトリーの外枠は，半径10kmをこえぬ範囲と推定される。この範囲をひとつの「系（システム）」とすれば，そのなかにはいく種類もの「亜系（サブシステム）」が含まれている。半径10kmをこえぬ範囲は，遺跡テリトリーの拡がりと一致する。そのなかには，さきに触れたような子供づれの女性の行動圏などの亜系も含まれている。そしてこ

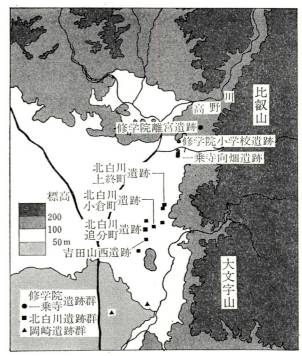

図2 比叡山西南麓遺跡群（縮尺10万分の1）
（国土地理院「京都西北部」より）

の空間そのものも，理屈のうえでは「遺跡テリトリー」という系のなかの，男性の日帰り行動圏というひとつの亜系である。

ひとつの集団が，ただひとつの遺跡テリトリーだけを利用しつづけたとすれば，資源は枯渇してしまう。前回説明したように，縄紋人も資源の保護・管理の工夫をしていたに違いない。移住・転居も，有効な手段のひとつである。縄紋人は，計画的に移住・転居をつづけていたに違いない。新田野貝塚が，花積下層式・五領ケ台式の全期間にわたって続いていた，とは考えにくい。新田野貝塚の付近には，花積下層期の遺跡はきわめて少ないが，新田野貝塚の東南8km弱には，大原（図1－2），西南15kmほどのところには，長者ケ台の二つの遺跡がある。西南6kmにある堀之内（図1－3）にも，この時期に人が住んでいた可能性がある。五領ケ台期には，東南東4km弱に鴨根（図1－4），南南西一東南8〜9kmの位置に芳賀（図1－5）・花里（図1－6）・新宿（図1－7）などの遺跡がある。遺跡のあいだの距離から判断しても，これらの遺跡を残したのが，別々の集団の人々だった，とは考えにくい。ひとつの集団のメンバーが，ときには分裂し，ときには合体しながら，いくつかの拠点のあいだを移動していた，

というのが実情ではなかろうか。いまひとつの例として，比叡山西南麓の遺跡群の動きを検討してみることにしよう。

泉拓良によれば，近畿地方の縄紋遺跡は，扇状地・自然堤防など低地部に立地するものがきわめて多い。この地域の集落もその例外ではなく，
(1) 集落の立地する地形面の規模が小さい
(2) 花崗岩の風化した砂礫を基盤とするこれらの地形面は，きわめて不安定である
(3) その結果，一定数以上の人口を支えること・長期間の居住は困難である
ことを指摘している[13]。

この地域には，南北6km・東西5kmほどの範囲に，修学院／一乗寺・北白川・岡崎の三遺跡群が2km弱の間隔をおいて分布している（図2）。ただし，岡崎遺跡群は遺跡の数も少なく，存続期間もみじかい。前期から中期にかけて，遺跡は北白川扇状地に集中し，修学院／一乗寺地区には確認されていない。この状態が，後期前葉の福田K-2期までつづく。北白川上層1期になって，はじめて修学院／一乗寺地区に遺跡が成立する。後期中葉の一乗寺K期からのちになると，北白川扇状地の遺跡は姿を消してしまう（表3）。この地域の人口は，あるときは北白川地区，あるときは修学院／一乗寺地区に集中しており，このふたつの地区のあいだで移住・転居がおこなわれていた，と解釈できそうである。

泉は，この地域の遺跡は，北白川上終町・同追分町のように，住居址・墳墓など，あきらかに拠点となる集落にともなう遺構の検出されている遺跡でも，数形式のあいだに頻繁な移動があり，人口が増加した場合には，分村がおこなわれた，と考えている[13]。たしかに，北白川C期や，北白川上層2期のように，規模のにかよった複数の遺跡が，かなり近い距離のなかに分布している。おそらく，ひとつの集団が，おなじ時期のうちにいくつかの拠点をつぎつぎに移住していたのだろう。移住・転居を支障なくつづけるには，さしあたり利用しているテリトリーだけでなく，いずれテリトリーとして利用することになる，いわば潜在的なテリトリーを確保しておく必要がある。われわ

表3 比叡山西南麓の遺跡の動き（註13による）

時期	遺跡名	1 修学院離宮	2 修学院小学校	3 一乗寺向畑北	4 一乗寺向畑中央	5 一乗寺向畑南	6 北白川上終町1	7 北白川上終町2	8 北白川別当町	9 北白川小倉町	10 北白川追分町1	11 北白川追分町2	12 吉田山西籠1	13 吉田山西籠2	14 旧岡崎村	15 岡崎
早期	押型文	‖					│									
	条痕文					‖		│								
前期	羽島下層II式									│		⋯				
	北白川下層Ia式								│	│						
	北白川下層Ib式								│	│						
	北白川下層IIa式								│	│						
	北白川下層IIb式									│						
	北白川下層IIc式									│		│				
	北白川下層III式											│				
	大歳山式											│			│	
中期	鷹島式															
	船元I式											│				
	船元II式															
	船元III式											‖				
	船元IV式															
	里木II式															
	醍醐III式															
	北白川C式						│				│	≣		⋯		
後期	中津式											│				
	福田KII式											│				
	北白川上層式1			│			‖		│	│	│	≣				
	北白川上層式2											│				
	北白川上層式3															
	一乗寺K式			≣										│		
	元住吉山I式				│	│										
	元住吉山II式					│										
	宮滝式															
晩期	滋賀里I式															
	滋賀里II式															
	滋賀里IIIa式												│			
	滋賀里IIIb式											│	‖			
	滋賀里IV式	│										│				
	船橋式	‖				‖										
	長原式	│											‖			‖

遺物量　……稀　—少ない　＝＝やや多い　≡≡多い

れが実際に確認できる遺跡テリトリーは，いくつかの潜在的なテリトリーをあわせた系のなかのひとつの亜系でもある。

1-4. 遺跡テリトリーの性格

新田野貝塚の住民は，水産資源の利用という面では，ほぼ自給自足の生活を送っていた，と考えて差支えない。魚介類の捕獲・採集に必要な道具の原料は，古夷隅湾（川）の沿岸で調達できただろう。小池が一般型とよぶ貝層があることや，スズキの猟期が春—秋と推定できることからも[14]，住民が一年に必要とする食料はこのなかで調達できた，と考えてよかろう。赤沢が，遺跡テリトリーという系の閉鎖性を強調するのも無理はない。

言葉をかえれば，新田野貝塚の住民は，古夷隅湾（川）沿岸の外の世界とはまったくかかわりなしに，日々を過ごすこともできたかもしれない。新田野貝塚だけが，とくに条件に恵まれていたと判断する特別な理由はない。日本列島各地の主要な縄紋の遺跡は，おなじような条件のもとにあった，と考えてよい。これが，遺跡テリトリーの，もっとも大きな特質なのだ。日常の食料の確保を中心とした，必要最低限の資源を確保できる範囲が遺跡テリトリーだ，ともいえる。この点を強調する意味で，これからのち遺跡テリトリーを，領域系のなかの「核領域」[15]（ニュークリアーテリトリー）とよぶことにしよう。核領域は，縄紋時代に特有のものではない。縄紋時代の前にせよ後にせよ，あらゆる物資の生産と流通が商品の生産と流通に変質しないかぎり，核領域は消滅しない。時代・地域によって，固有の顔つきをしているまでのことだ。

1-5. 核領域の性格

さきに，住民が遺跡テリトリー（核領域）を利用する，という漠然としたいいかたで，新田野貝塚の住民と核領域の関係を表現した。この点をさらに具体的に説明することはできないだろうか。いいかえれば，新田野貝塚の住民と核領域，さらに範囲を広げて縄紋人と土地の関係はどのようなものだろうか，ここではその問題を考えてみることにしよう。

縄紋人が資源の保護をはかっていたにしても，関心の的は資源そのもので，土地は人間が資源を利用するうえでの必要条件にすぎない。この点が，土地そのものが労働の対象となり，資源利用の必要かつ十分な条件となる農耕社会との大きな違いである。旧石器・縄紋の社会には，必要な資源を手にいれるために土地を利用する権利（用益権）はあったにしても，土地そのものを処分する権利（所有権）は成立していなかった。その点では，草創期以前，旧石器時代から縄紋晩期まで，人間と土地の関係には何の変化も起きていない。

前回，赤山のトチの実の処理施設を紹介し，耐久性のたかい，多量の労働力をつぎこんだ施設は，縄紋時代になってはじめて登場することを指摘した[16]。草創期後葉——撚糸紋土器群の時期に，関東・中部地方に複数の竪穴住居でなりたつ集落が普及する。南九州ではさらに古く，隆線紋土器群の時期にさかのぼる。このような集落は，いわば耐久性のたかい施設の複合体である。繰りかえし利用することを前提とした，耐久性の高い施設・施設群が普及することは，特定の土地と特定の集団の結びつきが，これまでになく強くなった，ということにほかならない。当然の結果として，ほかの集団がその土地を利用する機会は少なくなる。縄紋時代の核領域のなかでは，そこを拠点とする集団だけが，用益権を確保していた可能性が高い。

この問題をべつの面から検討してみよう。小池裕子は生態学の territory・home range の概念を考古学にも適用すべきだ，という[17]。ある種（個体群・個体）が占拠している空間に，ほかの種（個体群・個体）が入り込んでくる。先住者が新顔を排除しようとするならば，その空間は種（個体群・個体）の territory，排除しようとしないならば home range である[18]。この区別にしたがって，核領域の性格を考えることにしよう。ここでは territory を縄張り（制），home range を入会（いりあい）（制）とし[19]，そのほかの形態も含めた人間と土地の結びつき全体を「領域」（テリトリアリテイー）とよぶ。

ある集団は資源を独占的に利用する。これが縄張り制である。分かち合い，互恵・平等の原則のもとに資源を利用する集団もある。これが入会制である。なぜ，このような違いがうまれるのだろうか。R・A・グールドは，人間が資源を利用するうえでの障害となるさまざまな条件 risk の大小によって，そこで有効となる方策に違いが生じる，と考えた[20]。R・ダイソン＝ハドソンとE・A・スミスは，「領域」の諸形態を決定する要素をさらに具体的に分析し，「領域」の形態を左右するのは，

(1) 利用できる資源の分布の規則性

（2）　資源の規模と密度

の二組の要因で，この高低にしたがって，

　　A　(1)・(2)がともに低い場合：特定の土地への
　　　　人口集中はおきない
　　B　(1)が高く，(2)は低い場合：資源が豊富な地
　　　　域／時期だけに，縄張り制が成立する
　　C　(1)が低く，(2)は高い場合：入会制が成立
　　D　(1)・(2)がともに高い場合：縄張り制が成立

の四種類のモデルが成立する，と考える。R．ビ
ンフォードの forager・collecter[21] の「領域」を
考えてみれば，forager は A，collecter は D の
「領域」のなかで生活することになるだろう。そ
れはともかく，ダイソン＝ハドソンらは，北米グ
レイト＝ベイズンの隣接する地域に住んでいる西
ショショニ・ペュート・北ショショニなどの「領
域」は，このモデルにしたがって説明できる，と
いう[22]。

　ただし，A．リチャードソンらは，北米北西海
岸の諸部族の「領域」は，この意見とは反対に，
資源量の小さいところの住民ほど，厳格な縄張り
制をとる傾向があり，亜北極圏のように資源量の
とぼしい地域にはいると，ふたたびゆるやかな縄
張り制，そして入会制がおこなわれており，ダイ
ソン＝ハドソンらの設定したモデルとは合致しな
いことを指摘している[23]。「領域」には，自然的
な条件ばかりでなく，歴史的・社会的な条件の制
約もくわわっている[24]。ダイソン＝ハドソンらの
設定したモデルによって，あらゆる「領域」の形
態を説明することができるわけではない。現実に
存在する「領域」にくわわっている歴史的・社会
的な制約を理解するための出発点として，ダイソ
ン・ハドソンらが設定したモデルは有効だろう。

　ここで，新田野貝塚の資源分布の規則性，資源
の規模・密度について考えてみよう。新田野貝塚
の住民の魚介類の捕獲・採集には，季節による周
期を読みとることができる。おそらくシカ・イノ
シシの狩猟も例外ではないだろう。彼らは，確保
できる資源の量も予測していたに違いない。新田
野貝塚の住民が一年ちかい期間をここで過ごす場
合もあったことも間違いない。古夷隅湾（川）沿
岸は，資源分布の規則性の面でも，資源の規模・
密度の面でも，縄張り制が成立する条件をそなえ
ている。新田野貝塚の住民は，この地域を縄張り
として，魚介類を中心とする食料資源を独占的に
利用していた，といえるだろう。古夷隅湾（川）

沿岸は，縄紋時代の核領域として，とくにすぐれ
た条件をそなえた地域ではない。とすれば，縄紋
時代の核領域は，そのなかの拠点となる集落の住
民の縄張りであったことになる。

　資源の種類によって，「領域」の形態は変化す
る。ある集団が核領域に縄張制りをとっていたと
しても，あらゆる種類の資源を利用する権利を独
占していた，と考える根拠はない。ダイソン＝ハ
ドソンらは，東アフリカのカリモジョン族が，シ
コクビエの畑地には縄張り制をとり，牛の放牧地
には入会制をとっている例を指摘している[25]。新
田野貝塚の住民の場合，魚介類とシカの場合がこ
れにあたるように思われる。すくなくとも魚介類
の捕獲の最盛期には，新田野貝塚の住民は，ほか
の集団が魚介類を捕獲することは認めなかったに
違いない。しかし，シカ猟の場合，事情が違って
おり，入会制をとっていると考える余地がある。

　シカの食料のなかでは，ススキなどイネ科の植
物が大きな比重を占めており[26]，疎林のなかの草
地がシカの餌場となる。ところで，荒地に二次林
が成立するまでには，途中でススキ・ネザサ・チ
ガヤの群落が成立し，ネザサの刈り取りをつづけ
ると，二次林への遷移はおさえられ，ススキ・チ
ガヤ群落が維持される[27]。さきに，ひとつの集団
は，一定の間隔をおいて移住・移転をしているの
ではないか，と考えた。ここでは，荒地から二次
林への遷移がはじまることになる。その結果，シ
カの餌場をつぎつぎに作ってゆくことになり，核
領域からほど遠くないところに，シカの猟場を確
保することになる。かつて集落として利用してい
た場所は，さしあたり利用している核領域の周
辺，あるいはその外にあるのが普通だろうから，
この地域の資源の利用に入会制をとったとして
も，日常の資源利用には支障はおこらない。

　核領域のなかの資源の利用にも，さまざまな変
化があるに違いない。たとえば，比叡山西南麓の
遺跡群の場合，食料として利用する堅果類の分布
が，東日本のような単相林を形成していなかった
という[28]。とすれば，この地域の住民のあいだで
は，資源利用を独占する傾向はよわく，縄張り制
は顕著でなかったかもしれない。また，宮城・浅
部のように，動物性食料のなかで，シカ・イノシ
シの比重がいちじるしく高い場合もある[29]。内陸
部の集団には，これとおなじ事情をかかえたもの
が少なくなかっただろう。これらの人々が，新田

95

野の住民とおなじく潜在的核領域でのシカ・イノシシ猟に入会制をとっていたのかどうか，それはべつに検討してみなければならない。核領域・潜在的核領域のなかで，どのような資源をどのように利用していたのか，具体的な分析は今後の問題である。

　それはともかく，さしあたり次の点を強調しておきたい。縄紋人の「領域」というものが，等質の空間のひろがりではなく，利用する資源の種類や目的・活動の形態などによる変化があり，入れこのような構造になっていた。縄紋人の「領域」のなかで基本となるのは，核領域——食料・燃料・日常什器の原料となる資源の供給源である。そこでの資源利用には，強弱の差はあるにしても，縄張り制がとられていたのだろう。ひとつの核領域は，おもに生理的な分業にもとづく，いくつかの亜系を含んでいる。ひとつの集団が生存するには，いくつかの核領域を確保する必要がある。さしあたり利用している核領域のほかに，いくつかの潜在的な核領域をあわせたもの，それが縄紋人の「生活圏」だった。潜在的な核領域での資源利用は，かならずしも排他的ではなく，入会制がとられていたのだろう。

註

1) 立教大学考古学研究会『新田野貝塚―千葉県夷隅郡大原町所在の縄文時代貝塚』(1975)
2) 赤沢　威「狩猟採集民の考古学」p. 48（『モナドブックス』20，海鳴社，1983)
3) 『新田野貝塚』p. 47
4) 同上・p. 46
5) 「狩猟採集民の考古学」p. 10
6) Barker, G. W. W., Prehistoric Territories and Economies in Central Italy. pp. 119-31. Higgs, E. S. ed. *Palaeoeconomy*. 111-175. Cambridge Univ. Press, 1975. Bailey. G. N., Shell Middens as Indicators of Postglacial Economies : A Territorial Approach. pp. 42-45. Mellars (ed) *The Early Postglacial Settlement of Northern Europe.* 37-63. Duckworth, 1978
7) 「狩猟採集民の考古学」p. 64
8) 同上・p. 65
9) 『新田野貝塚』pp. 35-36
10) 「縄紋時代史(13)」pp. 95-96（『季刊考古学』39：95-102, 1992)

11) 『新田野貝塚』pp. 50-52
12) 「狩猟採集民の考古学」pp. 72-73
13) 泉「日本の先原始集落―近畿地方の事例研究」pp. 49-50, 54-55（藤岡謙次郎編『講座考古地理学』5：45-64, 学生社，1985)
14) 「狩猟採集民の考古学」pp. 56-64
15) 近藤義郎が提唱した「集団領域」とおなじ内容である。赤沢の「遺跡テリトリー」は，ある遺跡の背後に想定できるテリトリーというふくみがあり，混乱をまねくおそれがあるので用いない。
16) 「縄紋時代史(13)」pp. 95-96
17) 小池「宮崎博論文『土地と縄文人』に関する先史生態学からの一コメント」（『貝塚』39：10-11, 1987)
18) E. R. ピアンカ，伊藤嘉昭・久場洋之・中筋房夫・平野耕治訳『進化生態学』p. 167（蒼樹書房，1978) Clarke, G. L. *Elements of Ecology*. pp. 350-57, Wiley, 1954
19) 伊藤らは，home range を行動圏と訳している。ここでは，行動のおよぶ範囲という意味で，行動圏という言葉をつかう場合があるので，あえて入会とした。ただし，伝統的な入会地では，所有者である共同体の成員以外のメンバーの利用は認めないから，厳密にいえば，この訳は不正確である。
20) Gould, R. A. To Have and Have Not : The Ecology of Sharing Aomong Hunter-Gatherers. pp. 75-76, 88, *Resource Managers*. 69-91
21) Binford. L. R., Willow Smoke and Dogs' Tails : Hunter-Gatherer Settlement Systems and Archaeological Site Formation. *American Antiquity* 45：4-20, 1980
22) Dyson-Hudson, R., Smith, E. A. Human Territoriality : An Ecological Reassessment. pp. 25-31, *American Anthropologist* 80：21-41, 1978
23) Richardson, A., The Control of Productive Resources on the Northwest Coast of North America. pp. 106-08. *Resource Managers*. 93-112.
24) ダイソン＝ハドソンらは，このような例として，毛皮交易が北オジブワ族の「領域」に影響をおよぼした例をあげている。前出・pp. 32-33
25) 同上・pp. 34-36
26) 飯村　武『丹沢山塊のシカ個体群と森林被害ならびに防除に関する研究』p. 28（大日本山林会，1980)
27) 沼田　真・岩瀬　徹『図説・日本の植生』p. 138（朝倉書店，1975)
28) 前出・pp. 60-63
29) 「縄紋時代史10」p. 87, 92（『季刊考古学』36：85-97, 1991)

書評

直木孝次郎・小笠原好彦 編著

クラと古代王権

ミネルヴァ書房
A5判　219頁
2,500円　1991年12月刊

難波宮跡は，大阪市中央区法円坂町・馬場町付近一帯にあり，飛鳥時代と奈良時代の前後2回にわたって都となった遺跡である。現在は，内裏・朝堂院部分を中心に約9万m²が史跡となり，そのうち約6,500m²が難波史跡公園として整備された。

歴史公園整備構想にもとづいて，NHKが西隣の大阪中央体育館地域に移転することになり，1987年〜88年に，中央体育館敷地の約2万m²の発掘が行なわれた。

この発掘によって，5世紀代の倉庫16棟が検出され，東・西に2分して配置され，しかも倉庫は床面積90m²をこす大型のもので，奈良時代以前では最大の規模であった。この倉庫群の北側では，前期難波宮の時期の東西棟の屋根を架けた並び倉や，南北に並ぶ6棟の倉庫，これを区画する2条の柵も検出された。

このような重要遺構が重ねて明らかになり，古代のクラ研究は大いに盛りあがった。これらの遺構の保存の努力が続けられた。この保存運動の拡大強化のために，中央体育館敷地で発見された倉庫群の，歴史的意義を明らかにするための2つのシンポジウムと講演会が開かれた。1989年1月に諸学会共催で「難波京以前」，難波宮跡保存対策協議会主催で1989年10月に「難波京と倉庫群」のシンポジウムが開かれ，難波宮跡保存対策協議会主催で1990年6月に「クラと古代王権」の講演会が開かれた。この報告には，考古学・古代史・建築史・民俗学の各分野から新たな視点からの，問題の掘り下げが行なわれた。

本書は，この報告をもとに，各人がそれぞれ改めて書き下ろした論考をまとめたものである。この8本の論文と，歴史をさぐる10のコラムのほかに，「倉庫からみた国家・社会の発展―序文にかえて」（直木孝次郎）と，小笠原好彦のあとがきが加わっている。コラムの中には「ミヤケ研究の素描」・「文献史料にみるクラ」・「シンポジウム・クラと王権の討議録」・「難波宮跡保存運動の歴史」・「港とクラ」など簡要必読のものが収められている。難波宮跡の遺構保存と歴史的意義づけがクラを中心として，見事に展開された書物といえる。

本書は，クラの研究をとおして日本古代の王権のあり方の解明をめざしたものであり，併せて，倉庫群遺跡の完全保存を願っての書である。

クラは，本来余剰の生産物を収納する施設として成立する。村人の共有財産であったクラは，クラの管理を行なっていた権力者の所有に帰する。クラの発達は王権の発展を示しており，王権は経済の発展によって支えられ，王権の成長により財政機構は複雑となり整備される。このことから，王権の経済基盤と経済組織について，クラから接近する。

クラを漢字にせず片仮名としている。クラには，正税・穀物を収めるクラには倉，調庸物や貢納物を収めるクラには蔵，武器や文書を収めるクラには庫，が令制では区分されている。奈良時代以前では必ずしも厳密ではなく，一方で用字区分もあるためクラと記されている（直木孝次郎序文）。

本書には各分野からの8論文と10のコラムがあり，世界のクラ，縄文時代からの高床建築の変遷，津（港）とクラ，弥生〜古墳時代の集落・豪族居館・王権のクラなど，多面多彩である。したがって，個別論文の紹介・評を加えるスペースの余裕がない。

5世紀代の法円坂のクラが，棟持柱や支柱をもつ入母屋造のもので，平均92m²の規模をもち，16棟の規則的に配置されていることの意義は，本格的に解明されている。5世紀前半〜中葉の和歌山市鳴滝遺跡のクラは計7棟，床面積450m²（紀氏関係説が強い）でこの3倍以上の大規模のもので，豪族居館のクラ群にはるかに卓越している。これらから法円坂のクラは，倭の五王時代後期の王権に直接つながるクラ群であることが，各論者によって実証されたといえよう。このクラ群が津に面し，鍛冶集団・伽耶地方のものに近い韓式土器の出土分布に見られる渡来人集団などから，倉人・蔵人として，クラの建築技術・蔵の管理・物資を運ぶ船建造技術・渡来人集団が5世紀の大王権力の支配機構にとりこまれていたという指摘（都出論文）も注目される。

7世紀代の前期難波宮内裏西方倉庫群について，郡衙正倉，寺院・荘園・豪族居館の倉庫群と比較検討して，大蔵省の倉庫群の可能性を指摘し，その意義について5点をあげた山中論文も注目される。

古代王権の形成過程に関心をもつ人々にとって本書は必読の書といえる。なお問題点の一部は204頁以下の討議記録に収められている。

（今井　堯）

書評

平泉文化研究会 編
奥州藤原氏と柳之御所跡

吉川弘文館
四六判　288頁
1,980円　1992年4月刊

　平泉の研究は「柳之御所跡」の発見によって新しい視点と新たな段階を迎えた。

　平泉といえば，中尊寺・毛越寺そして無量光院を想起し，専ら藤原氏による仏教文化の開花を目の当りに見てきたのである。それは金色堂であり，毛越寺庭園であり，閑静な無量光院の遺跡であった。

　われわれは，第2次大戦後まもなく実施された中尊寺学術調査団による成果『中尊寺と藤原四代』(昭和25)をはじめ，文化財保護委員会による無量光院跡の発掘調査の報告『無量光院跡』(昭和38)，平泉遺跡調査会による5年間(昭和29〜33)の調査研究『平泉―毛越寺と観自在王院の研究―』(昭和36)，10年(昭和34〜43)にわたる調査成果をまとめた『中尊寺―発掘調査の記録―』(昭和58)などによって，平泉文化の一端を垣間見てきた。

　平泉遺跡調査会による「平泉」の調査と研究は，その刮目すべき成果である仏教関係遺跡の発掘調査にもとづく闡明によって，かつての平泉観を一変させた。しかし，同会の藤島亥治郎会長が縷縷されてきた「伽羅の御所跡・柳の御所跡・国衙隆衙館跡等」の遺跡については，調査の機会とてなく，ごく近年にいたるまでその実態については不分明であった。平泉遺跡調査会の掲げた「遺跡・遺物を主とした(平泉の)綜合的な調査研究を行なう」目標も，仏教関係のそれに結果的に収斂されるにとどまっていたのである。

　ただ，柳之御所跡については，昭和44年から48年にかけて平泉遺跡調査会による調査が鋭意試みられ，それを受けて平泉町教育委員会・岩手県文化振興事業団埋蔵文化財センターによる発掘が続けられてきた。その結果，平成2年にいたって柳之御所北域より「藤原氏に関連する居館跡」が検出されるにいたったのである。

　このたび，その成果をもとに平泉文化研究会によって一書が編まれた。題して『奥州藤原氏と柳之御所跡』。発掘調査中の遺跡についてこのようにまとまった一書が公けにされたのには，それ相応の理由があるのは当然である。

　「柳之御所跡」の発見は，建設省東北地方建設局による"一関遊水地計画とそれに付随する平泉バイパス建設"に伴う調査の結果であった。

　平泉には仏教寺院跡のほか居館跡も検出された，ということは当然のことでありながら，学界をはじめ各方面に大きな反響があった。新しい平泉研究の視点が定まってきたからである。

　本書は，まさに「奥州藤原氏研究への最新の手引き」(はしがき)として編まれたものであり，その意義は決して少なくない。

　序章に「奥州藤原氏研究と柳之御所跡」(大石直正)をおいて，総括的に研究の視点を掲げる。とくに柳之御所跡の発掘成果が，従来の平泉研究の欠落を補い，今後における平泉研究の出発点ともなりうることを力説する。ついで第I部に「都市平泉の構造」を配し，1「平泉の都市プランと柳之御所跡」(斎藤利男)，2「平泉の歴史地理」(荒木伸介)，3「平泉の地名」(千葉信胤)，4「平泉を掘る―平泉遺跡群について―」(本沢慎輔)，5「都市平泉の宗教的構造―思想と方位による無量光院論―」(菅野成彦)の5論文を収める。第II部は「出土をめぐって」次の論文5点を配する。「世界から見た柳之御所跡」(矢部良明)，2「柳之御所跡出土の内耳鍋」(菊池徹夫)，3「寝殿造の絵画資料」(川本重雄)，4「柳之御所跡出土の墨書折敷」(三浦謙一)，5「折敷墨書を読む」(入間田宣夫)。

　このように本書に収められた11論文によって，平泉研究の新しい息吹を感得することが出来るのはきわめて有用である。

　I―4によって，都市としての平泉の発掘の経過と現状がまとめられている。平泉遺跡群は，(1)平泉地区，(2)達谷地区，(3)祇園地区，(4)小金沢地区，(5)その他＜長島地区・北上川地区・衣川地区＞にわけられ，(1)を中心とし周辺に及んでいるという。そして「現在平泉町の中心市街の直下に，12世紀の都市平泉が埋蔵されていることは発掘調査の成果より明らか」であると結論する。

　仏教文化の精華である寺院遺構と並んでそれを荷った藤原氏の諸居館，そして都市―平泉の実態が次第に鮮明度を加えてくる可能性が見えてきたのである。それにつけても，幻の館の一つであった柳之御所跡の検出は，平泉の象徴とも称さるべき存在であり，その保存の実現を願わずにはおられない。

　本書は，先学によって積年にわたり培われてきた平泉の研究が，いま，まったく新しい展開を示すときにあたり，柳之御所跡の意義が各分野の専門家によって説かれたものであると同時に，平泉学の出発点を告げるものといえる。そこには，また文献史学・考古学・歴史地理学・宗教学・陶磁器学などによる学際研究の成果が見事に収められている。

(坂詰秀一)

書評

加藤 稔著

東北日本の旧石器文化

雄山閣出版
A5判 348頁
4,800円 1992年3月

　日本の旧石器文化研究のはじまった頃は研究者の多い関東地方や北海道の情報が多く，研究もそれらの地域を中心に進められてきた。東北地方はその「真空地帯」と見なされ，北海道と本州との関係については東北地方の情報を欠いたまま語られることが多かった。

　その中にあって本書の著者である加藤稔氏は山形県に在住し，日本の旧石器文化研究が本格的にはじまった頃から研究をはじめられ，以来遺跡の踏査をくりかえし，自ら遺跡を発見し，発掘調査を実施し，それを学界に問い続け，本州と北海道の関係，さらには広く大陸との関連について研究を重ねてこられた人である。まさに東北地方の旧石器文化研究の先駆者である。

　本著は著者が1963年から1988年までの25年間に発掘調査し，報告書にまとめたもの，研究雑誌などに発表した論文を編年体に構成したものである。

　本書は次のように構成されている。序の「画期と時代区分」にはじまり，Ⅰ「前期旧石器文化の趨勢」，Ⅱ「ナイフ形石器文化の諸相」，Ⅲ「細石刃文化から中石器文化へ」，Ⅳ「旧石器文化研究の展望」と大きく5部構成からできている。Ⅳの最末「残された課題―東北日本の旧石器研究の現状」が本書のために新しく書き加えられたものである。

　以下その内容を紹介しよう。

　序の「画期と時代区分」では日本の旧石器時代の区分を論じたもので，その時々の研究段階の論文を熟読吟味して評価し，日本の旧石器文化研究史を叙述している。この時代の呼称を先土器文化（時代）あるいは最近では岩宿文化（時代）と呼ぶべきだとの説，それに同調する研究者が増えていることを注書しながら筆者は旧石器文化（時代）を使用し続けていることに注目したい。

　Ⅰの「前期旧石器文化の趨勢」は前期旧石器文化の問題を自ら発掘調査した「上屋地B遺跡」を中心に報告し，最近注目されている宮城県などで発見されている前期旧石器は確かなものであると主張する。そしてその否定論者には科学的な発掘調査を実施し，その出土状況，確かな石器との共存，技術基盤も共通していることから疑う余地がないという。この章を著者は「前期旧石器文化研究序説」としたかったのではないかと思う。

　Ⅱの「ナイフ形石器文化の諸相」にもっとも多くのスペースをとっている。東北地方のナイフ形石器文化は豊富な石材（頁岩）を活用し，石刃を素材としたもので器種も多い。また調査されている遺跡数もこの時期のものが最も多い。その中で筆者が自ら発掘調査した横道・平林・東山・越中山K・弓張平B遺跡を紹介し，ナイフ形石器の編年を提案されている。近年関東地方の層位的な発掘によって明らかになった石器組成などを軸に東北地方の編年案が著者以外の研究者によって提案されている。それに金谷原石器文化や東山系の文化の位置づけについて著者は疑問をなげかけている。それは石刃技法の技術的特徴によって細分できる限界を示しているものと考えられ，最終的にはそれを超える層位的な発掘調査の事実が必要で，その努力はさらに続けなければならないだろう。

　Ⅲの「細石刃文化から中石器文化へ」は芹沢長介氏が序で述べられているように「東北地方は細石刃文化の真空地帯」といわれていた。それを埋めるべく著者は細石刃文化を探求し続け，ついに角二山遺跡を発見し，湧別技法札滑型の細石刃核とそれから作りだされた細石刃などを発掘し，さらに越中山S・M地点を調査した。そして北海道と本州北部は舟底型石核の製作技法のうえで類似性のあることを証明。それを編年し，東北地方の細石刃文化の性格・系統を論じている。

　細石刃文化，尖頭器文化，有舌尖頭器と土器の出現の頃まで論じ，「東北地方の中石器時代の終末は，隆起線文土器や爪型文土器と石鏃との共存が安定し，押捺および回転手法の縄文土器が出現したときまでである。」という。

　Ⅳの「旧石器文化研究の展望」では文化遺物だけでなく，旧石器時代の「イエとムラ」にまとをしぼり，新堤遺跡で住居跡？と考えられた遺構，越中山A′遺跡の分析で細石刃文化前後の石器製作所，未製品のデポ，生活跡といった旧石器時代の人々の生活を明らかにしようとする姿勢を読みとることができる。最後の「残された課題」では最近発表されている前期旧石器問題から中石器時代までの論文を評価したもので，これらの行間から筆者の研究欲が伝わってくる。各章の「端書」は筆者の研究の軌跡を語るとともに恰好の研究史ともなっている。

　本著は自ら問題意識をもち遺跡を踏査し，科学的な発掘調査をするという考古学研究の基本を実践した所見であり，その内容とともに研究姿勢も高く評価したい。

（冨樫泰時）

書評

小山修三 編
狩猟と漁労
―日本文化の源流をさぐる―

雄山閣出版
A5判 420頁
5,800円 1992年5月

　狩猟採集経済段階にあった旧石器・縄文文化の研究において，食料資源とされた動植物の種類とその資源量の数量的把握が基本的に重要な問題であることは言うまでもない。動植物の生態学的特性や資源量に換算されるバイオマスの把握は，生業活動の復元にとって不可欠なばかりでなく，遺跡の領域分析やセトルメントシステムの形成・変化に関する研究などの，いわば旧石器・縄文時代人そのものの先史生態学的研究にとって前提的な課題となっているからである。また資源の質・量に認められる地理的勾配は，各地域における生計戦略の実際を大きく左右するものであり，地域文化形成の重要な要因になっていたことが考えられる。さらに，肉食・魚食の栄養学的意義とその歴史的変遷，とくに稲作開始後の狩猟漁労の変質という問題の見方も，旧石器・縄文時代における狩猟漁労活動の経済的意義の相対的な評価につながるはずである。まさにこのような問題を正面に据え，狩猟漁労の総合的研究を企図したのが本書である。

　本書は，国立民族学博物館が特別研究「日本民族文化の源流の比較研究」の一環として1986年2月に開催したシンポジウム「狩りと漁撈」の成果をまとめた報告書である。このシンポジウムは，狩猟漁労の視角から日本の基層文化の形成に関する問題を討論したものであるが，旧石器・縄文時代以来の狩猟漁労の伝統を単に技術史・系譜論的に捉えようとするのではなく，狩猟漁労をめぐる諸問題をさまざまな分野から多角的に考察した点に特徴がある。すなわち，①動物資源のバイオマスとその変動の生態学的考察，②東北アジア・中国における狩猟漁労の特質の民族学的考察，③狩猟活動の変遷・変質に関する考古学歴史学的考察，④肉食・魚食の栄養学的考察および食物変化と日本人の形質変化に関する人類学的考察，⑤狩猟漁労に関わる信仰儀礼の系統論・民俗学的考察であり，多方面からのアプローチによって多くの意外な問題が提起されているのである。それらは考古学による狩猟漁労研究の欠を補うというよりも，むしろ今後の研究戦略を見通す上で示唆に富んだ見解が多い。

　一例を挙げる。資源量とその変動に関する生態学的考察として，東滋・秋道智彌・川那部浩哉氏が陸上・淡水産・海産資源のバイオマスの計量的把握を試みているが，それらを比較して注意されるのは，バイオマス・エネルギー量のいずれにおいても，水産資源に対して陸上動物資源の比率が著しく小さい点である。編者の小山修三氏は，この比率を食資源量に換算して，シカ1に対して底棲性淡水魚24，アユ414と試算した。因みにドングリはシカの342倍，コメは1012倍である。このことは，縄文時代の生業活動に占める狩猟と漁労の意義を対比して評価する上でも重要である。縄文時代における狩猟活動の実態と狩猟方法の変化を，ニホンジカのバイオマス・年齢構成・狩猟率の算定によって考察した小池裕子氏も，とくに後・晩期には狩猟活動がニホンジカの年齢構成に顕著な影響を与えるほど捕獲限界ぎりぎりの線で行なわれていたことを指摘している。また，五島淑子氏による栄養学的分析にも，蛋白源として獣類に対し魚貝類の占める比率の高さが示されている。

　さらに注目されるのは，日本の水産資源量の地域差についての数々の指摘である。秋道氏によると，純淡水魚は西南日本に多く，サケ科を中心とする二次的淡水魚は北日本に多い。淡水産資源のバイオマスは西南日本側が東北日本側の約2倍と算出されている。サケ・マスとアユのバイオマスは，東北日本では太平洋側で大きく，西南日本では日本海側で大きい。海産資源にも注目すべき地域差があり，瀬戸内海や東シナ海・日本海西区ではベントス(底棲生物)の漁獲が多く，東北日本では全体にネクトン(遊泳生物)の漁獲の多い傾向が指摘されている。また，資源量の季節的変動に関連して，東北日本の漁業には著しい季節性があり，西南日本ではそれが少ないのではないかという川那部氏の指摘も重要である。水産資源の特性と資源量，季節変動にみられるこのような地域差の問題は，漁労の対象や漁獲方法・技術と深く関わり，縄文時代の生業形態およびセトルメントシステムの一つの規定要因になっていた可能性がある。

　ここに言及した資源量の問題ばかりでなく，本書には東北アジアの狩猟漁労民の皮革利用法(佐々木史郎氏)，古代中国の畋猟にみられる狩猟獣と狩猟方法(田中淡氏)，日本の中近世における狩座と大名狩りの本質(石川純一郎氏)，農耕予祝のための儀礼的狩猟(千葉徳爾氏)，食物の変化に伴う日本人の身長変化(河内まき子氏)，信仰儀礼の比較に基づく日本の狩猟漁労文化の系統論(大林太良氏)など，多方面からの問題提起が収録されている。討論の記録にも重要な発言が多いが，それらについて評者はここに簡要な論評を加えることができない。一読をお勧めするものである。　　　　　　(谷口康浩)

論文展望

（五十音順）（敬称略）選定委員

石野博信
岩崎卓也
坂詰秀一
永峯光一

山下秀樹・林　昭三

岩宿時代の堅果類利用に関わる古植物学的背景

朱雀　4集
p. 17〜p. 32

本論は，広野北遺跡で検出されたクリ材の報告と，西南日本に堅果類を生産するような古植物学的背景があったか否かの検討を目的としている。そもそも，岩宿時代研究では狩猟活動を背景にした遺物・遺跡論が中心で，石器に現われにくい植物質食料の獲得につながる研究はあまり行なわれていない。しかし縄文時代や民族誌に見る植物質食料の比重の高さを考慮すると，その基礎がすでに岩宿時代に成立していた可能性を検討しておく必要があった。

そのような中で，広野北遺跡のおよそ2.3万年前の礫群と1.5万年前の土坑から，20点を越えるクリ材が検出された。これらは，既存の溜淵や茂呂の炭化物と共に，ヴュルム極相期を前後する時期のものとしては比較的温暖な気候条件を示唆する資料である。そこで考古学の側から，当時最も暖かったであろう太平洋岸の古植生に関する資料を再検討し，それらが生育した可能性を探ってみた。

検討資料はわずか3カ所から得られただけである。それらは高知県の野市・伊達野と愛知県大野原湿原の花粉分析資料，三重県多度町の大型植物遺体群集である。野市の資料は，復元された植生から晩氷期のものとされていたが，堆積に記載された火山灰の層厚を今日の知識から判断すると，AT以外には考えられない。これをATを前後する時期の花粉群集と考えると，現在の中間温帯に当たるゾ

ーンが高知平野にあったことになる。また大野原湿原の資料からは沿岸部にカシ林の存在が推定され，多度町ではブナやミズメ・コナラも検出されている。このようなことから，太平洋沿岸には十分堅果類を生産し得る植生があったことが想定できた。またたとえそれらの絶対量は少ないとしても，それは自然植生中での量比でしかない。それらに積極的に働きかけて有用資源を抽き出す人の営みの常からすれば，容易に採集できるだけに，少ないものを有効に利用した可能性は大いに考えても良いのではなかろうか。

（山下秀樹）

雨宮瑞生・松永幸男

縄文早期前半・南九州貝殻文円筒形土器期の定住的様相

古文化談叢　26集
p. 135〜p. 150

縄文前期以降においては，貝塚から出土する自然遺物の季節性・住居跡の構造・居住地周辺植生への人間の影響から，年間を通じての定住生活が確定されている。さらに，関東，東海，南九州などでは，定住的様相が早期前半にまで遡る可能性が指摘されている。そこで，問題となっている早期前半の定住性を判定するために，定住的生活を送っていた場合に考古資料に生じるであろう様々な現象を想定した諸論を振り返り，定住度を測る尺度となるものを複数設定し，これらの尺度を用いて南九州における縄文早期前半資料の内容を明らかにし，早期後半から晩期までの縄文各期における状況と比べてみた。

具体的に取り扱ったのは，土器の石鏃に対する比率，磨石・敲石類の石鏃に対する比率，石皿の石

鏃に対する比率，磨製石斧の石鏃と磨石・敲石類に対する比率，装飾・祭祀・呪術用土石製品の石鏃と磨石・敲石類に対する比率，竪穴住居跡の柱穴サイズ，石皿の重量，土器の器形分化，法量分化，大型化，精粗差，土器装飾の程度，集落周辺植生，植物を刈る機能が考えられる石器である。

その結果，早期前半資料は縄文各期資料が示す変異幅の中に入り，決して下回るものではないことが判明し，早期前半には，その後の定住生活に伴っている事物が一通り認められた。本稿で用いた方法は，多くの項目に着目し総合的に比較検討するというものであり，すべての項目にわたって矛盾なく導き出された結果は，蓋然性の高いものである。南九州では，早期前半にまで遡っても，前期以降と同様に年間を通じた定住生活を営んでいた可能性が強い。

（雨宮瑞生）

安藤広道

弥生時代集落群の動態

横浜市埋文センター調査研究集録 8
p. 133〜p. 164

ある一定地域に広がる遺跡群を対象とし，その構造的把握を通じて，遺跡間の社会的・経済的諸関係を読み取ろうとする視点は，今や原始集落研究の基本的な方法の一つとなっている。本論で対象とした鶴見川・早淵川流域は，田中義昭を中心に，この方向の先駆的研究が行なわれた地域であり，その業績は長く弥生時代集落群研究のモデルとなってきた。ただし，この田中の研究も，流域内の発掘調査が進み，さらに土器の細分研究が進展してきた今日となっては，再検討の必要性が生じてきて

いることも事実である。

そこで本論では，細分された土器編年を武器に，流域内の集落群の時空間的動態を把握することを試みた。その結果，集落群の変遷過程を以下の3段階にまとめることができた。

第一段階の集落群構成は，短期的な小規模集落が点在するもので，流域内の人口密度は非常に低かったと推測された。

第二段階では，流域に集団移住が行なわれ，大規模な環濠集落群が形成される。この集団移住，環濠集落群形成の背景には，迅速に移住地を開発し，故地の生活様式を一括移入するという移住戦略の存在が想定された。なお，環濠集落が主体となるこの構成が，当時の集落群の本来的な姿であることも窺われた。

第三段階の構成は，流域内の人口増加によって，前段階の環濠集落群に多数の小規模集落が加わるものである。抗争の頻発する状況下における小規模集落の存在は不安定な筈であるが，この増加の背景には，流域の地理的特性が深く開与していることが考えられた。

このように，従来共時的な視点から捉えられることの多かった弥生時代集落群も，その時空間的動態を細かく追うことによって，集落群構成の新たな側面や，集落群が様々な環境の下で多様なパターンを呈しつつ展開する状況を，読み取ることが可能となるのである。
(安藤広道)

櫻井久之

鍬形石の系譜と流通

考古学雑誌　77巻2号
p.50～p.79

鍬形石の研究は，小林行雄氏によって古墳時代の政治史研究の一端を担うものとして位置づけられた。その後の研究でも，小林氏の仮説はひとつの論点として取り上げられる一方，独自の型式分類が披露されている。しかし，その分類結果は多くの点でくいちがいを

見せる。その原因は，製作者集団を異にする鍬形石の存在が十分に検討されないまま，それぞれの分類基準にあてはめられたことにある，と考える。

鍬形石の製作者集団の違いは，突起部に明瞭に現われる。そこから「直系突起式」と「傍系突起式」の2系譜の存在を認めた。「直系突起式」と呼ぶものは，鍬形石の祖型となった貝製腕輪を直接手本として製作を開始した一群と考えられる。一方，「傍系突起式」は祖型の実体を理解せずに，おそらくは「直系突起式」のあるものを模倣することから製作を始めた一群であろう。

この系譜の違いをふまえ，それぞれの型式分類を行なった。分類にあたっては，9項目の着眼点を設けて各個体の形態の把握につとめた。その結果，「直系突起式」をⅠ～Ⅳに，「傍系突起式」をⅠ～Ⅲ式に分類することができた。

両系譜の併行関係については，古墳での共伴状況から検討を行った。そして，直系Ⅱ式─傍系Ⅰ式，直系Ⅲ式─傍系Ⅱ式，直系Ⅳ式─傍系Ⅲ式となる結果がえられた。それに直系Ⅰ式の段階を加えて，鍬形石の変遷に4つの段階があったと考える。

鍬形石がどのような経路で，製作地から各地にもたらされたかについては多くの議論がある。この問題については，一方の系譜のものに偏って所有する古墳の存在から，両系譜がそれぞれ別の流通経路をもっていた可能性と，流通の仲介という職掌を担った人物の存在を想定することができるだろう。

(櫻井久之)

阿部義平

日本列島における都城形成
―大宰府羅城の復元を中心に―

国立歴史民俗博物館研究報告　36集
p.3～p.34

日本の都城史研究は，中枢部の宮殿配置や条坊式の京内の生活遺

構，制度史の研究を主体に急速に発展してきた。都城は条坊式の計画都市の出現とその歴史としてとらえられ，その出現は7世紀後半の天武朝の画期性が議論されている。日本の都城には一般的に外囲いの城郭がないというものの，具体的に追求されていない。都城研究はこの方向で十分なのであろうか。

小論は日本の国家権力所在地が，歴代遷宮の前史をへて7世紀初めには京を発達させ，7世紀後半代には山城や羅城を組みこんだ防備を尽した歴史変遷を有することなど，都城史をいくつかの新視点から点検する。さし当たって列島西端の筑紫に営まれた大宰府を再点検し，ここに朝鮮半島の都城と共通性をもつほぼ方形の羅城域をもつ都城構成があることを復元してみた。これまで大宰府には，羅城と呼ばれることもあった土塁状遺構が東方でも南方でも知られ，水城などとして個別的に研究されてきた。これらは本来全体構想に基づいて造営され，政庁や条坊呼称をもつ郭部分，山城などとも一体のものであったことが復元される。大野城から基肄城の間にとぎれとぎれにある土塁などは，最も有効な分水嶺の稜線に連なり，一辺8キロに及ぶほぼ四辺形の大宰府外郭線をなすこと，そしてその羅城内にだけ，正南北方位で左右郭の条坊とその南の条里の地割が施行され，大野城の稜線足下に府の中枢の官衙と寺が営まれていた。また土塁線の欠落部分の復元は，地形の連続性とその内部の南郭の歴史的呼称から補強される。大宰府郭の南の筑後平野の東山麓に，久留米市の上津土塁，西山麓に上峰村の堤土塁があり，肥後の鞠智城を含めた一連の配置構想も浮んでくる。かかる羅城や山城を伴う防備施設をもつ都城は，近江京，倭京，そして難波京でも認められ，大宰府の視点から検証できる。現在近江京を中心に，都城形成研究の続篇を用意している。
(阿部義平)

●報告書・会誌新刊一覧●

編集部編

◆**山王三丁目遺跡**　熊野神社遺跡群調査会刊　1991年3月　A4判　320頁

東京都大田区の山王台地に位置する遺跡で、弥生時代後期の住居址22軒、環濠などが検出され、久ヶ原式土器が多量に出土した。また、古墳時代後期の横穴墓が4基検出され、15体以上の人骨が遺存しており、須恵器・玉類を出土している。弥生時代の竪穴住居址の形態、土器、環濠集落、古墳時代の横穴墓のまとめを載せる。

◆**静岡県の窯業遺跡**（静岡県内窯業遺跡分布調査報告書）静岡県教育委員会刊　1989年3月　A4判　484頁

本調査は昭和61、62、63年の3ヵ年にわたり国庫補助金を受け行なわれたものである。第Ⅰ章静岡県内における窯業遺跡の調査の沿革と現状、第Ⅱ章窯業遺跡分布調査の目的と経過、第Ⅲ章静岡県の窯業遺跡の分布（第1節県内窯業遺跡の分布の概観、第2節遠江地域の窯業遺跡、第3節駿河地域の窯業遺跡、第4節伊豆地域の窯業遺跡）で第Ⅲ章では各地域に分布する窯跡群について遺構および出土遺物を集成している。第Ⅳ章の詳細分布調査報告では県内最大集中地域である遠江地域の湖西市新古第3地点古窯跡・小俣第1地点古窯跡・金谷三ツ沢窯跡の昭和61・62年の調査が報告されている。第Ⅴ章では県内窯業遺跡の総括がなされており、また付編では1湖西古窯跡群の須恵器と窯構造、2宮口古窯跡群と清ヶ谷古窯跡群における須恵器陶器生産の一考察、3旗指古窯跡6地区を中心とする工房の復元などの問題について考察している。

◆**北野廃寺**　岡崎市教育委員会刊　1991年3月　B5判　232頁

岡崎市の北西部、北野町字郷裏にあり、碧海台地上に立地する北野廃寺の3次にわたる調査結果をまとめた報告書。出土した瓦や須恵器などの遺物により白鳳時代の7世紀に創建された三河最古の寺院跡で、東西126.5m、南北146mの寺域の西方に土塁をめぐらし、四天王寺式の伽藍配置を有することが確認されている。出土遺物は、瓦のほか創建時では土器と塼仏、奈良時代では青銅製の磐形垂飾、三彩陶器、泥塔など、平安時代では瓦塔、緑釉・灰釉陶器などが挙げられる。これらより奈良時代から平安時代前期が盛期であったと推察される。

◆**平等院**　宗教法人平等院刊　1991年11月　A4判　70頁

浄土式庭園をもつ寺院として著名な平等院の庭園整備に伴う阿弥陀堂中島の発掘調査に係る報告書。遺構は平安・中世の洲浜、板石を小口積した近世の護岸が確認され、遺物は瓦類を中心に土器、金属製品、木製品が出土している。なお「寛永拾年」の銘をもつ瓦の出土により寛永10年に瓦葺き換えが行なわれていたことも窺える。また、阿弥陀堂使用鐙瓦の変遷により中島の平安〜近世への移行もまとめている。本報告書は、現平等院境内における初の考古学的調査として貴重なものである。

◆**牛頸後田窯跡群**　大野城市教育委員会刊　1991年3月　B5判　209頁

博多平野の南部、大野城市の牛頸川流域に展開した九州最大の牛頸窯跡群の一支群、後田窯跡群の調査報告。報告された窯跡は6世紀末から7世紀初め4基、7世紀後半1基、7世紀後半から8世紀初め7基、8世紀中頃から後半4基の計16基である。構造はすべて地下式無階無段で、規模は最大で14.15m、最小で2.75mで、3m前後が多い。遺物は杯蓋が主で他に高杯、短頸壺、甕などがある。

◆**児嶋隆人先生喜寿記念論集　古文化論叢**　児嶋隆人先生喜寿記念事業会刊　1991年1月　B5判　907頁

中国地方の縄文中期文化をめぐって…………………………河瀬正利
関東地方の遠賀川系土器…………………………設楽博己
瀬戸内の環濠集落と高地性集落…………………………伊藤実
北部九州弥生中期の「国」家間構造と立岩遺跡…………下條信行
倉庫の管理主体…………武末純一
北部九州における弥生時代の鉄鏃…………………………大庭康時
朝鮮小銅鐸と銅鐸の間に…………………………福島日出海
弥生時代墳丘墓の出現…………………………小田富士雄
支石墓と渡来人…………本間元樹
二列埋葬墓について……濱田信也
甕棺・土器棺の埋置角度について…………………………藤田等
北部九州における古墳出現期前後の土器群とその背景…井上裕弘
北部九州の刳抜石棺……新原正典
岩戸山古墳の「別区」とその周辺…………………………牛嶋英俊
岩戸山古墳における石製品の樹立…………………………佐田茂
遠賀川流域における横穴墓の研究…………………………長谷川清之
福岡県櫨山古墳の再検討…………………………嶋田光一
古代の鍛冶具…………松井和幸
天台寺跡出土の一枚作りの平瓦…………………………栗原和彦
太宰府鴻臚館跡調査考…折尾学
日本古代のスキとクワの呼称と用字について…………乙益重隆
ウスビラ考…………三島格
福岡県（黒田藩）の磁器の始まり………坂本英治・山田昭朗
考古学とコンピュータ…………………………及川昭文
漢代鉄鏡覚書…………潮見浩
後漢末三国鏡の画像と銘文…………………………賀川光夫
唐代の長安城内における外来宗教の祠宇……………………韓保全

今井　駿・重近啓樹　訳

◆山形攷古　第4巻第4号　山形考古学会　1991年11月　B5判　50頁
山形県の埋・納経遺跡…川崎利夫
越中山遺跡群における細石器文化の探究Ⅱ…………石井浩幸
米沢市塔の原遺跡出土の線刻石製品………米沢市教育委員会

◆研究紀要　第8号　埼玉県埋蔵文化財調査事業団　1991年11月　B5判　174頁
方形周溝墓観察の一視点(1)………大屋道則
溝中土壙小考………福田　聖
関東地方東部における古墳出現期の様相Ⅰ………村田健二
関東地方における埴輪祭式の受容………山本　靖
埼玉県の捍付大刀………瀧瀬芳之
「鬼高式土器」の外部………利根川章彦
古代武蔵の土師器理解のために………赤熊浩一

◆土浦市立博物館紀要　第3号　土浦市立博物館　1991年3月　B5判　50頁
墓に立つ石像物………榎　陽介

◆博古研究　第2号　博古研究会　1991年10月　B5判　67頁
古墳時代の巫女………川西宏幸・辻村純代
殷後期における大墓の系譜………鈴木　敦
土浦市愛宕山古墳出土の人物埴輪………木沢直子

◆国立歴史民俗博物館研究報告　第35号　国立歴史民俗博物館　1991年11月　B5判　597頁
絵画から記号へ………春成秀爾
墨書土器とその字形……平川　南
常陸の後期・終末期古墳と風土記建評記事……白石太一郎
中世城館縄張り調査の意義と方法………千田嘉博
考古学と民俗学……福田アジオ
隕鉄製鉄器の自然科学的研究………田口　勇
仙台藩製鉄関係遺物の自然科学的研究………斎藤　努
遼西地方における青銅器文化の形成…………甲元眞之
大汶口文化の廟底溝類型系彩陶………西谷　大

◆国立歴史民俗博物館研究報告　第36号　国立歴史民俗博物館　1991年11月　B5判　410頁
日本列島における都城形成………阿部義平
刻銘を有する中世陶器…吉岡康暢
弥生時代のブタについて………西本豊弘
最古の壺棺再葬墓………設楽博己
佐倉と江戸………藤尾慎一郎

◆研究論集Ⅹ　東京都埋蔵文化財センター　1991年3月　B5判　419頁
東北日本の台形様石器…佐藤宏之
後期旧石器時代中盤に見るスクレーパーの確立について………比田井民子
ナイフ形石器の変異と変遷………伊藤　健
縄文土器の造形意図に接近する方法論………浅川利一
縄文人の生活領域を探る………可児通宏
縄文土器の胎土分析……上條朝宏
「住居型式」論からの視点………小薬一夫
炉穴の時代………斎藤　進
縄文時代に二次林はあったか………千野裕道
鉄鏃………飯塚武司
武蔵の胴張り複室墳について………加藤　修
上野の古墳群………坂詰秀一
武蔵国府域の設定とその範囲について………石井則孝
谷戸の祭祀・素描……今井恵昭
古代の丘陵開発………鶴間正昭
一地方窯成立の史的契機………比田井克仁
瀬戸美濃産「太白焼」小考………長佐古真也

◆考古学雑誌　第77巻第2号　日本考古学会　1991年12月　B5判　128頁
伊皿子貝塚の再検討………渡辺ネウザ・小野裕子・大井晴男
鍬形石の系譜と流通……櫻井久之
美濃鎧塚古墳の陶質土器……伊藤禎樹・尾谷雅彦

◆日本中国考古学会会報　創刊号　日本中国考古学会（東京都世田谷区駒沢1－23－1　駒沢大学第一研究館1425　飯島研究室）1991年11月　B5判　88頁
夏家店下層文化の諸問題………秋山進午
馬家窯文化小坪子類型を論ずる………袁　靖
長江中流域の早期新石器文化………中村慎一
中国沖積世の気候環境の復元研究………高広仁　飯島武次　訳
中国新石器時代の玉器………邵望平　西江清高　訳
前方後円墳の起源を探る…関野雄
仰韶文化の集落構造……岡村秀典

◆史学　第61巻第1・2号　三田史学会　1991年12月　A5判　224頁
ガラスを用いた剝片剝離実験………古田　幹

◆史観　第125冊　早稲田大学史学会　1991年9月　A5判　95頁
相模湾沿岸域における古代漁撈活動の動物考古学的検討………樋泉岳二

◆物質文化　第55号　物質文化研究会　1991年9月　B5判　94頁
縄文時代中期初頭の居住形態………金子直世
発掘調査された炭焼窯の基礎的研究………村田文夫
北米プレーンズ・インディアンの物質文化………関　俊彦

◆調査研究集録　第8冊　横浜市埋蔵文化財センター　1991年11月　B5判　180頁
横浜市内の撚糸文終末期資料とその評価………石井　寛
縄文海進期の住居址覆土内貝層………坂本　彰・中村若枝
弥生時代集落群の動態…安藤広道
鶴見川流域の画像板碑…坂上克弘
三の丸遺跡出土の異形軽石製品………倉沢和子

◆三浦古文化　第49号　三浦古文化研究会　1991年7月　B5判　128頁
影向寺の創建と史的展開に関する

素描……………………村田文夫
◆**中世都市研究** 第1号 中世都市研究会（鎌倉市材木座2－6－42斉木方 鎌倉考古学研究所内）1991年12月 B5判 139頁
方形竪穴建築址の理解にむけて
……………………宗 秀明
鎌倉出土の武具・馬具…菊川 泉
「かわらけ」考(1)………清水菜穂
「やぐら」の研究(1)…田畑佐和子
「板壁掘立柱建物」の提唱
…………………斉木秀雄
「方形竪穴建築址」考…汐見一夫
統計処理に見る鎌倉出土のかわらけ………………宗富貴子
武蔵大路周辺遺跡で検出された建物址と切石敷………大河内勉
佐助ヶ谷遺跡の板囲い建物
……………………瀬田哲夫
佐助ヶ谷遺跡出土の箸寸法について………………谷下田厚子
佐助ヶ谷遺跡出土の草履芯の一例
…………………石鍋由美子

◆**信濃** 第43巻第10号 信濃史学会 1991年10月 B5判 80頁
則天文字を記した墨書土器について………………高島英之

◆**信濃** 第43巻第11号 1991年11月 B5判 72頁
高梨氏館跡の発掘調査によせて
……………………室伏 徹

◆**信濃** 第43巻第12号 1991年12月 B5判 82頁
有明古墳群の再検討(1)
……………………三木 弘

◆**金大考古** 第19号 金沢大学考古学研究室 1991年11月 B5判 153頁
弥生社会発展過程の北陸的様相
……………………前田清彦
マヤ考古学における土器の分類に関して……………佐藤悦夫
岐阜県下の横穴墓群……児玉 剛
メキシコの先土器時代における生業形態………………多々良穣
北陸における縄文時代晩期中葉の土器………………中村哲也
阿弥陀藪遺跡出土の珠洲焼小壺
……………………馬瀬智光
鳥屋窯跡群末坂A地点採集の須恵器………………中本 寛

◆**朱雀** 第4集 京都文化博物館 1991年11月 B5判 151頁
岩宿時代の堅果類利用に関わる古植物学的背景…山下秀樹・林昭三
日本出土の"泗川・固城タイプ"系陶質土器…………定森秀夫
遺跡出土の曲物製コシキ…南博史
京都府田辺町十塚古墳の発見と保存の経緯について……片岡 肇

◆**古代文化** 第43巻第10号 古代学協会 1991年10月 B5判 59頁
大和型瓦質椀の編年と実年代の再検討………………近江俊秀
末永雅雄博士の長逝を悼む
……………………角田文衞

◆**古代文化** 第43巻第11号 1991年11月 B5判 62頁
中国嶺南地方の葬制…梶山 勝
磨製石包丁の使用痕分析
……………………御堂島 正
宇治市木幡浄妙寺の発掘調査
…………………宇治市教育委員会

◆**古代文化** 第43巻第12号 1991年12月 B5判 61頁
山形県寒河江市金谷原遺跡の細石器群………………石井浩幸
小犬丸遺跡…………岸本道昭

◆**古代学研究** 126 古代学研究会 1991年10月 B5判 50頁
黄金塚古墳と女性の被葬者③
……………………森 浩一
濃尾地方の石棺
…………奥田 尚・服部哲也
東アジアにおける巨樹と鳥の意匠
……………………門田誠一
人物埴輪のもつ意味…須藤 宏

◆**待兼山論叢** 第25号 大阪大学文学部 1991年12月 A5判 120頁
素環刀の型式学的研究……禹在柄

◆**ヒストリア** 第133号 大阪歴史学会 1991年12月 A5判 206頁
河内国・楠葉牧における土器生産の展開………………宇治田和生

◆**考古学研究** 第38巻第3号 考古学研究会 1991年12月 A5判 130頁
山東半島の先史文化の編年及び魯中南の関係…………李権生
造山・作山および両宮山古墳の築造企画の再検討……石部正志・

田中英夫・堀田啓一・宮川 徙
ごみの捨て方…………森本 晋
縄文時代晩期『広田式土器』再考
……………………妹尾周三
銅鐸絵画に登場する長頸・長脚鳥
……………………根木 修
瓦質土器出現期の地域性
……………………渋谷高秀

◆**おおいた考古** 4 大分県考古学会 1991年11月 B5判 138頁
北九州周辺の横穴墓……村上久和
日向の横穴墓…………長津宗重
肥後における横穴墓について
…………………西住欣一郎
山陽地方の横穴墓……妹尾周三
山陰の横穴墓
…………西尾克巳・丹羽野裕
近畿横穴墓の諸問題……花田勝広
東国横穴墓の型式と伝播…池上悟
横穴墓被葬者の情報……田中良之

◆**古文化談叢** 第26集 九州古文化研究会 1991年12月 B5判 196頁
古代官衙とその周辺
…………………九州古文化研究会
中国歴代の瓦当范………関野 雄
扶余の百済窯跡と出土遺物に対して……… 金誠亀 亀田修一 訳
安芸・備後の古瓦……妹尾周三
縄文早期前半・南九州貝殻文円筒形土器期の定住的様相
…………雨宮瑞生・松永幸男
甲府盆地におけるS字甕の定着について……………小林健二
前期古墳と階層秩序……吉留秀敏
陶邑出土の車輪文について
…………………冨加見泰彦

◆**九州考古学** 第66号 九州考古学会 1991年12月 B5判 110頁
甕棺型式の再検討………中園 聡
朝倉古窯跡群の一姿相…中村 勝
韓半島支石墓の型式学的展開
……………………全榮來
遼寧先史考古学と遼河文明の探索
………… 郭大順 岡村秀典 訳
遼東半島石棚と大石蓋墓概論
………… 許玉林 岡村秀典 訳
高句麗山城の構造と変遷
………… 李殿福 西川宏 訳
唐法門寺塔地下石室と舎利および金銀器…………長谷川道隆

105

■考古学界ニュース■

編集部編

九州地方

縄文晩期の石庖丁　宮崎県都城市大岩田の黒土遺跡で都城市教育委員会による発掘調査が行なわれ、縄文時代晩期の石庖丁1点が出土した。同遺跡の調査では縄文時代晩期の夜臼式土器片など1,000点以上が出土しているが、石庖丁は長さ11.6cm、幅5cm、厚さ0.4cm。擦り切り溝がついているのが特徴。東九州ではこれまで延岡市や東臼杵郡西郷村で同じタイプの石庖丁がみつかっているが、時代ははっきりしなかった。また鹿児島県末吉町の上中段遺跡で籾痕のある夜臼式土器、えびの市の桑田遺跡でも同じ土器とプラントオパールがみつかり、縄文時代晩期の稲作資料はふえている。

小値賀町で埋文調査　長崎県五島列島の北部に位置する小値賀町で、1990年から農業基盤整備事業に伴う埋蔵文化財の発掘調査がはじまっている。工事区内には旧石器時代〜中世に属する遺跡15ヵ所の所在が確認されており、すでに3遺跡の確認調査と野首・上下部の2遺跡で本調査が実施され、前者では縄文土器を中心とする土器群、石鋸、十字型石器、玦状耳飾など約7万7千点の遺物が、後者からは掘立柱式建築物遺構1棟分および中世〜近世の国産陶磁器並びに貿易陶磁器が大量に出土している。

6世紀後半の前方後円墳　佐賀県三養基郡中原町教育委員会は同町原古賀二本桜にある高柳大塚古墳を発掘し、全長約35m、後円部径約20mの前方後円墳であることを確認した。二室構造の横穴式石室をもち、奥壁、側壁に1枚の巨石を使った巨石墳で、出土した須恵器から6世紀後半の築造とみられている。同墳は当初円墳とみられていたもので、付近には10基以上の古墳が存在するが、その中で最大規模。鳥栖地方と神埼地方の間に挟まれたこの地域にはこれまで首長墓の存在が知られていなかっただけに注目される。

5世紀後半のオンドル跡　福岡県遠賀郡岡垣町糠塚の墓ノ尾遺跡群で岡垣町教育委員会による発掘調査が行なわれ、5世紀後半の住居跡（4m四方）からオンドル跡が発見された。オンドルはカマド部分が長さ、幅とも50〜60cmで、そこから幅20〜25cm、長さ約1.2mの煙道がのびている。オンドルの付いた住居跡は約30軒の同時期の住居から少し離れたところにあり、朝鮮半島からの渡来人の住まいとみられる。伴出した土器は煮炊き用の生活雑器としての土師器ばかりで金属器はなかった。

四国地方

布留式土器を伴う前方後円墳　香川県丸亀市飯野東分の前方後円墳・吉岡神社古墳で丸亀市教育委員会が委託した香川大学考古学研究室による発掘調査が行なわれ、水銀朱で塗布された人骨や布留式土器が発見された。同墳は春の山の南麓、吉岡神社境内にあり、4世紀後半と推定されていた古墳。江戸時代に盗掘され筒形銅器、銅鏃などが出土したと伝えられているが保存状態はよい。長さ約5m、高さ約1m、幅約80cmの竪穴式石室からは壺2個分の破片が出土し、布留式土器であることがわかった。石室の床面は粘土層、扁平石敷、ぐり石層の3層になっており珍しい構造。また銅鏃やヒスイ製勾玉と盗掘に関わる江戸時代の壺の中からは水銀朱で塗布された人の頭骨も発見された。前方部はくびれ部からほどなくバチ状に緩やかな広がりをもち、埴輪は全くみつかっていない。

讃岐で藤原宮の瓦を製造　香川県三豊郡三野町教育委員会が発掘調査を行なっていた同町吉津の宗吉瓦窯跡で7世紀末〜8世紀初めの窯跡7基が発見され、藤原宮の造営に使われた瓦を製造していたことがわかった。山条山東側の皿池一帯に広がる窯跡は幅1〜1.2m、長さ6〜7mの登窯で、灰原から複弁八葉蓮華文軒丸瓦1点、偏行変形忍冬唐草文軒平瓦3点や重弧文軒平瓦片に壺・皿などの須恵器片多数が出土した。奈良国立文化財研究所で鑑定した結果、軒丸瓦と平瓦片の紋様や木型の傷跡、瓦と瓦の接合部分などが藤原宮の大垣に使用されたものと一致、同窯は藤原宮所用瓦の生産地であることが判明した。藤原宮の瓦窯は滋賀県や大阪府、兵庫県など各地でみつかっているが、200kmも離れた近畿地方以外で発見されたのは初めてで注目されている。

中国地方

縄文後期の籾圧痕　岡山県古代吉備文化財センターが発掘調査を行なっている総社市南溝手の南溝手遺跡（仮称・岡山県立大学建設予定地）で縄文時代後期末とみられる籾の圧痕がついた土器片が発見された。土器片は地表下約1.9mの粘土層から炭などとともに出土した。土器片は深鉢の底に近い部分とみられ、表面には巻貝を使って付けられた条痕がある。籾の圧痕は内面に認められ、長さ6.6〜7.1mm、幅3.6〜3.8mmの大きさで、農学の渡辺忠世京大名誉教授による鑑定の結果、ジャポニカに最も近い栽培稲であることが明らかになった。調査区内では水田跡はみつかっていないが、稲作を行なっていた可能性を示唆するものとして興味深い。

近畿地方

淡路島から縄文土器多数　兵庫県津名郡（淡路島）東浦町浦の佃遺跡で兵庫県教育委員会埋蔵文化財調査事務所による発掘調査が行

なわれた。調査は本州・四国連絡道路の事前発掘として行なわれているもので、竪穴住居跡数軒分のほか、食料貯蔵穴17基、土壙墓、土器棺墓などがあり、低湿地では貯蔵穴群の中を歩きやすくするための丸木舟転用の木道も検出された。遺物は土器片を中心として10万点。土器片は約8万点あり、縄文中期から晩期にかけての各時代、各形式のものが含まれており、注口土器・深鉢・浅鉢・土偶など、後期中〜後葉が中心。北陸や紀伊地方産の土器もあった。また鏃、斧、錐などのほか、緑泥変岩製の石剣石刀類は立てられた状態で出土した。また淡路島産のサヌカイトのほか、香川県金山産のサヌカイトが石材でみつかったことが注目される。石板4枚と拳大の石核がまとまってみつかったもので、サヌカイトの流通を考える上で重要な遺跡となった。さらにシカ、イノシシ、イルカなどの獣骨やドングリなどの種子も1万点以上出土し、縄文後期中〜後葉の近畿地方における土器編年や生活、環境を復元するうえで重要な資料となった。

未完成の銅鐸鋳型　神戸市西区樫野台1の西神ニュータウン造成予定地から弥生時代中期の銅鐸の石製鋳型1対がみつかった。神戸女子大学遺跡調査会（代表・藤井利章助教授）が調査を行なっていたもので、鋳型はまだ文様を刻んでいない未完成品。弥生時代中期の土器片約150点とともに1対が並んでみつかった。高さ約33cm、上辺約15cm、底辺約23cmの規模で、凝灰質砂岩で作られ、扁平鈕式銅鐸鋳型の可能性が強い。周辺から吹子の羽口や銅滓がみつかっていないことから、ここで一定の形に整え、その後鋳造場所に運んで完成させたと考えられる。

雪野山古墳に第二の埋葬施設　八日市市上羽田町の雪野山古墳で発掘調査団（団長・都出比呂志大阪大学教授）による第四次調査が行なわれ、すでに発掘された竪穴式石室の西側に別の埋葬施設が存在することがわかった。この施設は幅1m、長さ3m以上のもので、石室に並行して西約2mの位置にあり、石材がみつからないことから石室構造をもたない埋葬施設で、石室よりも後につくられたらしい。しかし石室とは対称の位置にあり、当初から2つの埋葬施設が計画されていた可能性が強い。また石室の墓壙は2段に掘り込まれた2段墓壙とよばれる構造で、さらに前方部がバチ型に開いた形の前方後円墳（全長70m）であることがわかった。雪野山古墳は三角縁神獣鏡が出土した未盗掘の前期古墳として注目されている。今回の調査で一応発掘は終了し、保存へ向けての協議に入る。

直径40mの円墳　滋賀県野洲郡中主町木部の木部天神前古墳で中主町教育委員会による発掘調査が行なわれ、同墳は6世紀中葉の直径約40mに達するこの時期としては県下でも最大級の円墳であることがわかった。しかし、前方後円墳の可能性も残されている。主体部の横穴式石室は残存長10.5m、幅2.2m、復元高約3mで、玄室が三上山を一望できる方向に向いている。壁面はベニガラで赤彩しており、また石材は近くでとれる花崗岩ではなく湖東流紋岩を用いている。石室内は盗掘などで荒らされて保存状態はよくないが、武器、装身具、土器など100点以上の副葬品が残り、金メッキされた鉄製馬具一式も発見された。

―――――――中部地方

大規模な石室をもつ円墳　豊田市教育委員会が発掘を進めていた同市今町1の池ノ表古墳で、全長10.3m、高さ3.2mという大きな石室が発見された。この円墳は直径18m、高さ2.7mで現状2段、推定3段築成。周囲は河原石を積み上げた外護列石で覆われており、1段目は高さ約1m、2段目は約50cmが残存しており、これだけはっきり確認されたのは珍しい。主体部は花崗岩を積み上げた横穴式で、室内は盗掘されていたが、馬具や耳飾、6世紀後半の須恵器が出土した。現場は矢作川と巴川の合流点に近い丘陵地で、周辺には20〜30基の小円墳が分布しており、首長墓とみられる豊田大塚古墳（6世紀前半）の埋葬者につながる人物の墓と考えられる。

銅芯金張りの耳飾　静岡県磐田郡浅羽町浅名の五ケ山古墳で、浅羽町教育委員会による発掘が行なわれ、5世紀中ごろの銅芯金張り耳飾などが発見された。耳飾は直径2.6cmで2個1組。銅芯に厚さ0.1mm弱の金を巻いている。こうした耳飾が現われるのは6世紀以降とされているだけに大陸製と推定される。同墳は径約22m、高さ4.5mの円墳で、割竹型木棺が2基（第1主体部長さ7.8m、第2主体部長さ4.4m）並んでおり、耳飾は第1主体部から発見された。このほか同墳からは銀製？釧2個1組、ガラス製玉、ガラス製勾玉、竪櫛20点、鉄剣、鉄鏃、分銅型鉄斧、鉈などが出土した。この古墳の西約1kmには豪族居館が発見された古新田遺跡（現在は浅羽東小学校）があり、2つは時期的に重なることから強い関連があったものとみられている。

乾山の向付出土　金沢市安江町の都市計画道路金沢駅通り線予定地にあたる安江町遺跡で江戸時代の陶芸家尾形乾山作とみられる向付（＝小鉢）3点が発見された。金沢市教育委員会が発掘調査したところ、約60ヵ所の土壙と塀の跡がみつかったもので、延宝年間（1673〜1681年）の絵図では高井善右衛門の武家屋敷と隣の隠居屋敷

考古学界ニュース

にあたる。乾山の向付は土壙の1つから発見されたもので、口径7.5cm、器高6.5cmで、5個の山を持つ輪花形で上半分に白化粧がかけられており、その上に青と黒で波形の文様が描かれている。また器の底には「乾山」の銘がついていた。高級品であったはずの乾山焼が加賀藩の中堅クラスの武士階級に出回っていたことは注目される。このほか、別の土壙からは桃山期から江戸期にかけて焼かれたとみられる織部焼の向付1点、「嘉永五年七月吉日　刀鍛冶二十四代目永井与兵衛」と書かれた木片もみつかった。

——————関東地方

蕨手刀を埋納した寺院跡　市原市文化財センターが発掘調査を行なっていた同市能満字四辻の南大広遺跡で9世紀前半の寺院遺構から蕨手刀が発見された。同遺跡では昭和42年の調査で奈良〜平安時代の土器、瓦、製鉄跡とともに「寺」と墨書された土器が発見されているが、今回の調査で奈良〜平安時代の竪穴住居跡5軒、掘立柱建物跡2棟、方形基壇1基、小鍛冶跡1基が確認され、布目瓦、須恵器高盤、緑釉陶器片、蕨手刀、刀子、鉄滓などが出土した。とくに礎石柱建物の基壇（南北8m×東西7.4m）からは中央に蕨手刀、南西・南東の両隅に刀子が埋納された土坑があり、ほかの両隅にも埋納された可能性が高い。蕨手刀と刀子は切先を上方に埋め、大刀（推定全長60cm）は茎から刀身部まで48cm残していた。除魔を目的に埋められたらしい。

縄文前期の屈葬人骨　富士見市の国指定史跡・水子貝塚で富士見市教育委員会により史跡整備事業の一環としての発掘調査が行なわれ、縄文時代前期の人骨が発見された。人骨は貝塚の最下層に頭を東にして南向きに横たわってい

た。顔のそばに縄文前期中葉の黒浜式土器片があり、時代が推定された。人骨は全身の骨が揃っている保存のよいもの。身長約150cmの大人の女性で、抜歯跡はなく、耳飾などの装飾品もなかった。

縄文中期後半の複式炉18基　栃木県文化振興事業団埋蔵文化財センターが発掘調査を進めている那須郡西那須野町の槻沢（つきのきざわ）遺跡で、縄文時代中期後半から後期初頭にかけての竪穴住居跡37軒と袋状ピットを含む土坑200基以上、集石遺構1基、縄文土器や耳飾、石皿・磨石などの多数の石器が発見されている。これまでに昭和8年、28年、52年に調査が行なわれ、とくに52年の調査では1基の土坑から31点の土器が出土、関東・東北地方の土器形式を含んでいたことから、その後、国の重要文化財に指定されている。今回発見された37軒の住居跡は重複・建替えが著しく、このうち18軒が複式炉をもつ。県内ではこの時期の遺跡はたくさん発掘されているが、ひとつの遺跡からこれだけの複式炉が発見されたのは初めて。

縄文中期の大集落　栃木県那須郡南那須町曲畑の曲畑（そりはた）遺跡で南那須町教育委員会による発掘調査が行なわれ、縄文時代中期の楕円形プランをなす竪穴式住居跡30軒と袋状土坑700基、古墳時代後期の竪穴式住居跡3軒、石室2基などが発見された。場所は東側を小見川が流れるゆるやかな丘陵地帯に位置し、調査により集落の全容を知ることができた。遺物は大量の縄文土器、石器、土偶の手足、硬玉製大珠1点、石製の玉類20点などが出土した。また袋状土坑内からは炭化したクリやクルミが出土しているものもある。土器はほぼ完形に近いものが約100点ほど出土している。この中には、阿玉台Ib式や大木7b式土器

も含まれている。

法界寺跡から建物跡　足利市樺崎町の法界寺跡で足利市教育委員会による第8次発掘調査が行なわれ、建物跡などが発見された。法界寺は足利義兼によって鎌倉時代初めに建てられた寺院で、これまでの調査によって堂塔跡4カ所、中島のある大規模な浄土庭園、建物跡数棟などが確認されている。今回の調査では東西13m、南北9mの範囲に約60の柱穴が出土し、掘立柱建物跡と思われるが、4回以上建て替えられており、出土品から堂ではなく鎌倉時代から室町時代にわたる寺院内の住房と推定される。また寺域は南北約300m、東西約200mに及んでいることがわかった。遺物としては中国製舶載陶磁器、カワラケ、鉄鎌片、モモの種などがある。

唐三彩の陶枕　群馬県新田郡新田町教育委員会によって発掘調査が行なわれた新田町村田の境ヶ谷戸遺跡で、唐三彩の陶枕が出土した。陶枕は上面の宝相華文が描かれた面が2分の1以上残存しており、発色状態も極めて良好である。8世紀の竪穴住居の床面から出土していることから三彩の伝播廃棄の時期を探る手がかりとなるが、都から遠く離れた地で出土した理由は明らかでない。火舎香炉の獣脚や仏具を模倣した須恵器も多数出土していることから、仏教的色彩の強い遺跡と考えられている。

——————東北地方

奈良〜平安の土壙墓　古川市宮沢の県営ほ場整備地域に含まれる新谷地北遺跡で奈良時代から平安時代前期にかけての土壙墓が100基まとまって発見された。現場は新谷地遺跡の北側で、墓は住居跡5軒、古墳1基とともに発見された。土壙墓は長方形のものが多く、100〜260cm×40〜150cmほ

108

どで，深さも20cmから70cmまでとさまざま。数に比べて遺物が非常に少なく，鉄刀や鉄鏃，釘などがみつかったのみで，長い間使用されていた一般庶民の墓と推定されている。付近からは関東系の土師器片も出土している。

──────学界・その他

人の動き（順不同）

桜井清彦氏　昭和女子大学文学部教授

後藤和民氏　創価大学教育学部教授

石野博信氏　徳島文理大学文学部教授，香芝市二上山博物館館長

岡内三真氏　早稲田大学文学部教授

置田雅昭氏　天理大学文学部教授

加藤　稔氏　東北芸術工科大学教授

東　　潮氏　徳島大学文学部助教授

田崎博之氏　愛媛大学教養部助教授

佐田　茂氏　佐賀大学教育学部助教授

武末純一氏　福岡大学文学部助教授

須田　勉氏　国士館大学文学部講師

田中　琢氏　文化庁文化財審議官

佐原　眞氏　奈良国立文化財研究所埋蔵文化財センター長

猪熊兼勝氏　奈良国立文化財研究所埋蔵文化財センター研究指導部長

工楽善通氏　奈良国立文化財研究所飛鳥資料館学芸室長

日本考古学協会第58回総会　5月23日，24日の両日，甲府市の山梨学院大学を会場に開催された。講演および研究発表は次の通り。

＜講　演＞

大塚初重：東国の積石塚古墳について

渡辺直経：考古学と自然科学─わが国におけるその連携の軌跡─

＜研究発表＞

柳田俊雄：福島県西白河郡西郷村大平遺跡の調査

中村由克・野尻湖発掘調査団：長野県仲町遺跡における第6回陸上発掘の成果

白石浩之・砂田佳弘：神奈川県綾瀬市吉岡遺跡群における神子柴・長者久保文化系石器群の終末とその様相

小林達雄・中沢幸雄ほか：新潟県卯ノ木南遺跡第1次発掘調査─予報─

末木　健・山本茂樹・今福利恵：山梨県大泉村甲ツ原遺跡の調査

十菱駿武：縄文水晶遺跡─山梨県牧丘町奥豊原遺跡・塩山市乙木田遺跡─の調査

藤田亮一：青森県八戸市風張(1)遺跡の縄文後期環状集落

秋田県埋蔵文化財センター・大野憲司ほか：秋田県虫内I遺跡について

須藤　隆・関根達人：亀ケ岡式土器の成立過程について

片岡宏二：福岡県小郡市津古遺跡出土の銅矛鋳型

斉藤弘道・海老澤稔：茨城県土浦市原田遺跡群の調査

石井則孝・鶴間正昭：多摩ニュータウン遺跡群における古墳時代前期の様相

梅沢重昭・西田健彦：前橋市舞台遺跡1号古墳の調査と成果

滝口　宏・桜井清彦・甘粕　健・寺田良喜：東京都世田谷区野毛大塚古墳の調査

西谷真治・置田雅昭：京都府元稲荷古墳出土鉄製品の再検討

大塚初重・岡安光彦：千葉県城山1号墳出土の金銅冠・その他について

山中敏史・中山和之：鳥取県上淀廃寺の発掘調査

毛利光俊彦・杉山　洋：西隆寺の調査

坂井秀弥・山本　肇・田中　靖：新潟県八幡林遺跡の調査

中山修一：長岡京東院跡の発掘とその保存運動

鳥羽政之：中宿遺跡の調査成果

菅原正明：紀伊国分寺本堂の変遷について

橋本久和：西日本出土の畿内産瓦器椀

楢崎彰一・石田昭夫：会津・大戸古窯跡群の調査成果

八巻与志夫・吉岡弘樹・村松利恵子：甲府城石垣調査の概要

千葉英一・田口　尚：千歳市美々8遺跡低湿地部の調査

小林正史：縄文土器から弥生土器への調理方法の変化

植田　真：遺跡調査に伴う作図データのデジタル化と活用について

畺　博満・今村啓爾：ベトナム・ゲアン省ランヴァクにおけるドンソン文化期埋葬址・集落址の発掘調査

新田栄治・大貫静夫・西谷　大ほか：東北タイ古代製塩の史的意義

なお，総会では大塚初重会長の任期満了にともなう後任に横山浩一九州大学名誉教授が選出された。1992年度大会は奈良市の奈良大学において開かれる。

伽耶文化展　6月30日(火)から東京国立博物館において「よみがえる古代王国・伽耶文化展」が開かれている（8月9日まで。)紀元4～6世紀，朝鮮半島南部の洛東江流域には伽耶とも加羅とも呼ばれる小国の連合体があったが最近の発掘調査で多くの成果があがり，伽耶諸国の文化の全貌が明らかになりつつある。本展では伽耶のあけぼの，王国の興亡，ゆたかな副葬品と三つのテーマにわけて，茶戸里，良洞里遺跡，大成洞，地山洞，福泉洞古墳からの出土品（武器・武具，馬具，農工具などの鉄製品，土器，金製装身具など）300余件，それに日本国内出土品約40件が陳列されている。

第 1 回
雄山閣考古学賞　受賞図書発表

● 考古学賞 ●

小田富士雄・韓炳三編

『日韓交渉の考古学』

弥生時代篇

選考過程

　雄山閣考古学賞選考委員会は，全国から推薦された候補作品46件を慎重かつ公正に選考した結果，満場一致で第 1 回雄山閣考古学賞を，小田富士雄・韓炳三編『日韓交渉の考古学―弥生時代篇―』（六興出版）に決定した。

　小田富士雄・韓炳三の両氏は，それぞれ日本と韓国を代表する優れた考古学者の一人であるが，両氏の編集になる『日韓交渉の考古学―弥生時代篇―』は，現今の考古学界において最高水準を行く画期的な研究成果であると評価できる。

　本書は弥生時代に焦点を当てているが，さかのぼって縄文時代晩期から下って古墳時代初期までを取り扱い，同時代の韓国の青銅器時代から三国時代初頭までの諸文化間の交渉の実態を活写している。すなわち，日韓出土の文物，とくに，韓国から日本に伝来したものが，やがて日本で製作が開始されたり，さらには逆に，日本から韓国に渡ったものなどを，豊富な実測図と写真とを使って対比しているが，その資料の質は，基礎的かつ網羅的である。このこと自体が，日韓資料の集大成として，交渉に関する多くの重要な事実を物語ってくれるが，さらに加えて，日韓各分野の第一線の考古学者が，それらの膨大な資料を駆使して稲と金属・弥生から古墳へのそれぞれの道程を，日韓交渉の視点から解明しようとしている点に，独創性と体系化が認められる。

　まず，初期農耕に関しては，弥生土器や農耕具の出現過程のほか，石製武器・墓制などの諸問題を多角的に取り上げている。次に金属器をめぐって，東アジアの視野から青銅器と鉄器の出現と展開の過程を論じている。そして，弥生時代から古墳時代への変化過程を，原三国時代から三国時代，つまり，瓦質土器から陶質土器への変遷を基礎に，高塚古墳の出現の問題から追っている。さらに，そのような日韓交渉の当時における担い手を，形質人類学から学際的に接近することも忘れてはいない。

　以上のように，本書は，考古学の振興・発展ならびに日韓の学術交流に大きく寄与したものであって，まさしく「雄山閣考古学賞」に相応しい画期的な業績といえる。

　なお，本書は，基礎資料の集成と論文の執筆に当たって，日本21名，韓国24名という多数の執筆陣が共同で10年有余を費やして完成されたもので，その間のチームワークと労苦とに心から敬意を捧げる。また，本書は，ハングル版が出版されてはじめて日韓考古学の共同研究の結晶として完成することになる。その実現の一日も早からんことを祈る。　（選考委員会・西谷　正）

目　次

図　版（p. 1〜p. 96）

実測図（p. 97〜p. 208）

序　説

1　総説……………………韓炳三・小田富士雄

2　弥生文化期の日韓交渉研究小史…西谷　正

I　初期農耕をめぐる日韓交渉〔縄文晩期〜弥生前期前半〕

　1　弥生時代開始期の無文土器

　　(1)　韓国無文土器の器種と編年……李　健茂

　　(2)　日本への影響……………………後藤　直

　2　初期農耕遺跡の立地環境

　　(1)　韓国…………………………………鄭澄元

　　(2)　北部九州…………………………高島忠平

　3　農耕具と植物遺体

　　(1)　韓半島の農耕石器…………………李白圭

　　(2)　西日本における大陸系磨製石器の出現………………………………………下條信行

　　(3)　西日本の初期木製農耕具………山口譲治

　　(4)　日韓出土の植物遺体………………後藤　直

　4　石製武器

　　(1)　韓国…………………………………李白圭

　　(2)　西日本……………………………下條信行

　5　墓制

　　(1)　韓国…………………………………鄭澄元

　　(2)　西日本…………………………小田富士雄

II　金属器をめぐる日韓交渉〔弥生前期末〜後期前半〕

　1　初期の青銅器

　　(1)　東アジアの青銅器………………岡内三眞

　　(2)　韓国の初期青銅器………………李康承

　　(3)　日本の初期青銅器………………後藤　直

　2　細形青銅武器の出現と展開

　　(1)　韓国式銅剣文化（細形銅剣文化）………………………………………………李健茂

　　(2)　日本における青銅武器の渡来と生産の開始………………………………岩永省三

　3　青銅器の製作技術

　　(1)　韓国青銅器の製作技術…………李健茂

　　(2)　日本青銅器の製作技術………近藤喬一

　4　銅鐸の出現……………………小田富士雄

　5　中国系青銅器

　　(1)　韓半島南部の中国系青銅器……李榮勲

　　(2)　日本の大陸系青銅器………高倉洋彰・渡部明夫・寺沢　薫

　6　日本から渡った青銅器………小田富士雄・武末純一

　7　初期鉄器

　　(1)　韓国の初期鉄器と鉄生産………李南珪

　　(2)　西日本における鉄器の渡来と鉄生産………………………………………潮見　浩

　8　装身具

　　(1)　韓国…………………………………李健茂

　　(2)　西日本……………………………高倉洋彰

　9　後期無文土器と弥生土器系土器

　　(1)　韓国出土の弥生土器系土器………………………………申敬澈・河仁秀

　　(2)　日本出土の無文土器系土器………片岡宏二

III　弥生時代から古墳時代へ〔原三国時代から三国時代へ〕

　1　瓦質土器から陶質土器へ

　　(1)　楽浪郡地域の土器…………………谷　豊信

　　(2)　韓国の瓦質土器…………………申敬澈

　　(3)　西日本の瓦質土器………………武末純一

　2　高塚古墳の出現をめぐって

　　(1)　原三国時代の墓制………………崔鍾圭

　　(2)　西日本の墳丘墓…………………都出比呂志

　　(3)　原三国期文化の諸問題…………金元龍

IV　形質人類学からみた日韓交渉

　　(1)　韓国………………金鎮晶・小片丘彦

　　(2)　西日本……………………………内藤芳篤

結　語………………………小田富士雄・韓炳三

遺跡解説

　韓国篇

　日本篇

参考文献・遺跡索引

結　語

i)　弥生文化の成立と日韓交渉

　西日本における弥生文化時代の到来は，それまでの採集経済段階（縄文時代）から，水田稲作技術と金属器の伝来に代表される生産経済段階への転換をもたらした画期的な出来事であった。その時期は紀元前4

111

世紀代にさかのぼり，西日本の縄文晩期後半にあたる。北部九州の初現期の水田には菜畑遺跡に代表される海浜砂丘の後背湿地を利用するタイプと，板付遺跡に代表される平野部の河川流域を利用するタイプがあり，ともに畦畔で区画されるかなり高度な段階の技術を示していた。一方，韓国ではこのころの水田遺構はまだ発見されていないが，炭化米や籾痕土器が出土した無文土器時代中期の松菊里遺跡および検丹里集落遺跡の立地が低丘陵類型であり，また，この時期から低地性類型もみられるところから，すでに稲作は始まっていたと思われる。これに関連して集落規模の拡大がなされ，環濠集落（検丹里遺跡）の出現，丹塗磨研土器・有茎式石剣・三角形石庖丁・抉入石斧・柳葉形有茎式石鏃などの出現が注目されている。これらの諸要素はいずれも弥生文化形成期の西日本に受容されたが，墓制にあっても箱式石棺・木棺土壙・支石墓などが伝来した。さらに農耕具においても西日本では水田遺構の調査とあわせて豊富な木製農具の種類が発見された。韓国では木製農具は未発見であるが，石製収穫具（半月形石庖丁）の多量にくらべて石製耕作具（鋤・鍬）が少ないところから，やはり骨角製や木製の耕作具が多く使用されたであろうと推定されている。韓国においても将来低湿地遺跡の調査がすすめば，石製以外の農耕具の発見が期待されるところで，初期農耕具の交渉研究は将来の大きな課題である。

初期農耕にともなう食料を直接物語る植物遺体の検出作業も両国でかなりすすめられている。韓半島では禾穀類（イネ・オオムギ・コムギ・アワ・キビ・ヒエ・モロコシ）・豆類（ダイズ・アズキ・リョクトウ）・ソバ・モモ・ドングリ・クリ・ヤマブドウが発見され，西日本でも上述の禾穀類が縄文晩期から弥生前期にかけて発見されていて，この方面でも両国の密接な農耕文化の交渉を示している。

弥生文化時代において，稲作農耕とならぶもう一つの重要な要素は金属器の到来である。縄文晩期終末から弥生前期初頭にかけて鉄製（曲り田・今川・斎藤山遺跡），青銅製（今川遺跡）の工具・武器が登場した。このうち青銅製の鑿・鏃は遼寧式銅剣の茎部をとり入れて再加工したもので，すでに韓国に先例がある。しかしこの波及はひきつづいて青銅器の流入が認められないところからみて，自然波及的現象にすぎず，西日本への本格的波及は弥生前期末まで待たねばならなかった。

ii) 韓国青銅器文化の画期とその年代

韓半島における青銅器文化の出現は前700年ごろまでさかのぼり，基本的に遼寧青銅器文化の伝統をひいている（第I期）。スキート・シベリア系のカラスク文化や内蒙古地方の綏遠青銅器文化の影響をうけた北方系文化の系譜も一緒に出ているが，遼寧式銅剣・青銅刀子・銅泡（釦）・扇形銅斧・多鈕鏡などがこの系列に属する。この出現期の青銅器文化は研究者によってさらに2期以上の細分も試みられている。

つづく韓国青銅器文化の定着は韓国式銅剣（I式細形銅剣）の成立に代表される（第II期）。遼寧式銅剣の伝統を継承しながらも新しく創出された韓国式銅剣文化の内容には多鈕粗文鏡・防牌形銅器・剣把形銅器・ラッパ形銅器・小銅鐸などの青銅儀器類，扇形銅斧・銅鑿などの工具類，粘土帯土器・黒色長頸壺などの土器類，天河石製飾玉・碧玉製管玉などの装身具類などがある。武器類では韓国式銅剣（I式）があるが，細形の矛や戈はまだ登場していない。

さらに韓国式銅剣の発展期（II式細形銅剣）を迎えると，II期の青銅儀器からつづいて，新たな北方系要素の流入によって八珠鈴・双頭鈴・竿頭鈴などの銅鈴類が加わり，多鈕細文鏡が現われた（第III期）。また戦国系文化の系譜をひく銅矛・銅戈・銅鉇や有肩銅斧などが製作されるが，韓国式青銅器文化の完成期といわれるにふさわしい独自のものとなっている。この時期の後半に北部では戦国系鉄器が流入し始め，つづいて鉄器文化は韓半島全域に展開してゆく。

その後平壌を中心とする楽浪地域周辺で漢文化の影響をうけた土着官人層の墓に漢式遺物が副葬される
ようになる（**第Ⅳ期**）。前漢鏡・青銅車馬具・青銅容器・鉄器（武器・工具）・漢式土器（楽浪土器）・貨幣
（五銖銭）などがあげられる。鉄器の需要増加の反面，青銅器は衰退しはじめる。慶尚道地域では前漢鏡に
由来する小型鏡や大型鏡などの韓鏡が製作された。

つづく王莽～後漢時代には方格規矩四神鏡や貨幣（貨泉・貨布・大泉五十）などが発見されている（**第Ⅴ
期**）。青銅武器は最終段階を迎えて銅剣ではⅡ式銅剣の退化形態・深樋式（変形細形）銅剣・多樋式銅剣な
どが現われ，剣把頭飾・有孔十字形金具・双頭管状銅器・牛角形銅器などは対馬にまで及んでいる。一
方，北部九州産の中広形・広形の銅矛・銅戈や小形仿製鏡が韓国南部地域に及んでいて，弥生後期前半と
の並行関係が明らかにされたことも重要である。

以上のような韓半島における青銅器文化の画期とその年代について，第Ⅰ期は遼寧青銅器文化との対比
から紀元前7～4世紀に比定され，古朝鮮時代にあてられている。第Ⅱ期は銅矛・銅戈などの戦国系要素
が移入する前の段階で，戦国時代中期である前4世紀代に併行するものと思われる。第Ⅲ期の成立は戦国
時代燕（昭王代＝311～292B.C.）の勢力が遼東地方に進出した歴史的背景に上限を求めることができ，この
時期の後半に戦国系の鋳造鉄斧が登場して南に波及することからみて衛満朝鮮の成立（190B.C.）とつづく
古朝鮮王準の南遷（174B.C.）などの王朝交代の時点と連結できるものと思われる。第Ⅳ期は前漢武帝の4
郡設置（108B.C.），第Ⅴ期は王莽（8A.D.）～後漢（23A.D.）王朝成立をそれぞれ画期としているであろ
うことは上述した。

iii) 西日本の青銅器文化の発達

このような韓半島における青銅器文化の推移は，弥生文化の成立以来たえずその影響を蒙っている西日
本地域にあっても直接あるいは間接に影響を受けている。さきに述べた弥生文化出現期にみられた鉄器・
青銅器の渡来は紀元前4世紀代よりさかのぼらない点から考えて，韓半島第Ⅰ期後半の文化要素に加え
て，中国戦国期に由来する鉄文化の自然派及現象であったとみられる。青銅器文化の本格的受容は弥生前
期末以降に求められる。その墳墓における内容と在り方から，韓半島と対照してつぎの3期が設定でき
る。

第1期（前期末～中期前半）　全長30cm前後の青銅細形武器（剣・矛・戈）・多鈕細文鏡などが伝来した。
この後半期に韓国小銅鐸を模倣した鐸形土製品が存在するところからみて，小銅鐸も伝来していたであろ
う。韓半島第Ⅲ期文化に対照され，韓国式銅剣（細形銅剣）Ⅰ・Ⅱ式に加えて，さらに身幅の大きな中細
形古段階（a類）銅剣（吉武高木117号甕棺）も登場している。この時期の後半には北部九州で細形武器（剣・
矛・戈）の仿製品製作が開始されていることが，近年のあいつぐ鋳型の発見とその共伴弥生土器から明ら
かになった。また韓国後期無文土器系土器も青銅器の伝来とともに西日本に到来しているが，それに対応
するごとく韓国南部においても金海貝塚・勒島遺跡・萊城遺跡に代表されるような北部九州系の前期末～
中期前半様式土器が発見されている。なかでも勒島遺跡では韓国産の弥生土器系土器まで抽出することが
でき，日韓交渉の実態をうかがい知ることができる。なお北部九州系の弥生土器は次期まで継続するが発
見例はきわめて少ない（勒島遺跡・金海池内洞遺跡）。

第2期（中期中頃～終末）　細形武器はひきつづいて副葬されているが，中国前漢代の銅鏡・中国式銅剣・
車馬具・貨幣（半両銭・五銖銭）・ガラス璧・鉄製武器などの中国系遺物の登場が注目される。須玖岡本
（奴国王墓）・三雲南小路（伊都国王墓）などでは特定の甕棺墓に30面余の前漢鏡が集中所有されていて，そ
の内容から中国洛陽焼溝漢墓の第2期（前漢中期およびそのやや後）に相当し，宣帝～元帝時代（74～33B.C.）

113

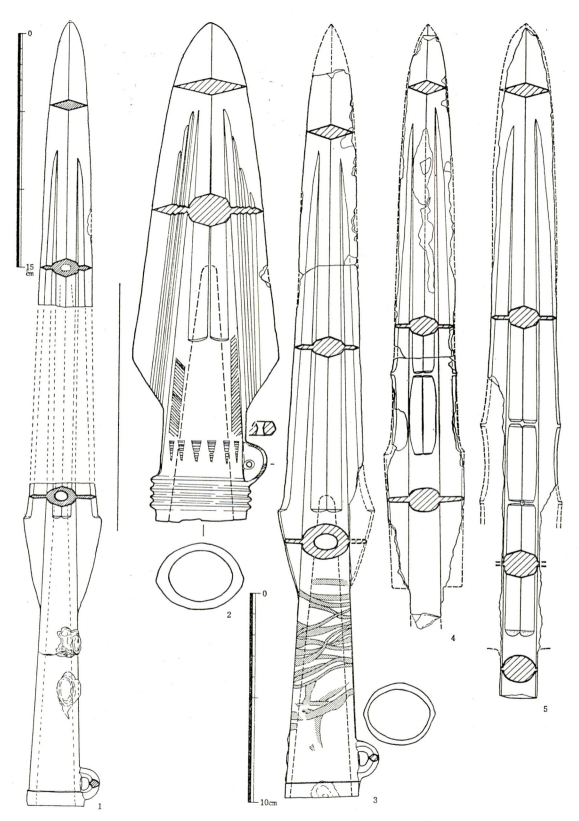

韓国慶尚北道九政洞遺跡出土遺物（1中細形銅矛，2・3細形銅矛，4・5細形銅剣）（『日韓交渉の考古学』p.128 より）

のものを主体としていて，おそくとも紀元1世紀前半より下らない年代が考えられる。韓半島第Ⅳ期文化に対照されることとなる。なお，鉄製品には中国系・韓国系輸入品のほか，鉄戈に代表されるように西日本の製品もみられ，鉄器文化の比重が大きくなってきている。

第3期(後期初頭～前半)　第2期の集中所有型は継続されているものの，中国鏡の内容は王莽～後漢前半代のものと交代し，韓国系青銅武器は姿を消す。北部九州産青銅武器は第2期から副葬されはじめていたが，この時期には呪具的意味をもつ青銅器（有鉤銅釧・巴形銅器）が加わっている。中国における王朝交代を背景とするもので韓半島第Ⅴ期文化に対照することができる。『後漢書』にみえる57年の奴国入貢と金印授与（「漢委奴国王」金印），つづく107年の倭国王等入貢などの記事が照合される時期であり，さきに韓半島第Ⅴ期のところで述べたような日韓の青銅遺物の交流があったことがあわせて注目されるであろう。対馬・壱岐・北部九州では楽浪土器や瓦質土器の流入がみられ，韓国の原三国時代前半期文化の到来していることがうかがわれる。

iv) 高塚古墳出現の問題

紀元1～3世紀に比定されている韓国の原三国時代は西日本の弥生時代中期後半から古墳時代初期に相当する。韓半島では三国時代成立前夜であり，日本では大和連合政権成立にいたる重要な時期である。そして双方とも墳丘墓から大型高塚古墳の出現にいたる過程を究明する方向に研究の視点がむけられている点では共通した動向をたどっているといえよう。西日本では前方後円墳・前方後方墳・円墳・方墳の四基本形態が規模のちがいとともに，身分秩序を象徴する政治的墓制として成立するにいたった。韓国南部においても墓域・墓区・厚葬の三共通要素を手がかりとして高塚古墳の先行墓制の分析が試みられているが，細部においては日韓両国の特異性も次第に明らかになりつつあり，将来への課題として今後の研究が期待される現状である。

v) 韓半島から北部九州への渡来人の問題

上述してきたような弥生時代の日韓文物交流を通じて逸してならないのは，その背後にある人の交流に関する問題である。この分野については近年著しい進展をみせている形質人類学の成果が注目されるところである。北部九州の弥生人が西北九州や南九州の人々と異なり，「長身―高顔」の特徴を有するところから渡来説が唱導されてからすでに久しいが，当時は韓半島における人骨資料に恵まれなかったところから，有力な仮説とされながらもまだ定説とされるにはいたらなかった。しかし1960年代以降，黄石里・朝島・礼安里・勒島遺跡の調査によって人骨資料が蓄積されて半島南部からの渡来説を肯定できる結果が得られてきた。すなわち，北部九州にあっては在来の縄文人と渡来人との混血の結果，新しい形質を生じたと考えられるにいたったことが裏づけられたのである。さらに今後は両国で地域性の問題にまで及ぼされてゆけば文物交流の視点ともあわせて新しい展望が期待できることとなろう。

（同書「結語」より）

115

● 考古学特別賞 ●

宇野隆夫 著

『律令社会の考古学的研究』
―北陸を舞台として―

選考過程

考古学特別賞の選考は，宇野隆夫氏著『律令社会の考古学的研究―北陸を舞台として―』（1991年12月6日発行，富山・桂書房）ほか3点を候補の対象として進められた。

その結果，宇野氏の著作および候補3点ともに特別賞の対象として充分に適うものである，との意見の一致をみたが，宇野氏著作が以下の理由によって，一頭他を抜きん出ている，と評価された。

本書の最大の特徴は，考古学的資料の集成と分析を中心として律令社会の実像を意欲的にあとづけたことであり，加えて，既著『考古資料にみる古代と中世の歴史と社会』（1989年，真陽社）にもみられるように，一貫して考古資料によって歴史の実態を把握する方法を展開してきていることである。

律令社会展開の実像を北陸の地域を例にとって論じた本書は，「様式的研究」という考古学独自の方法論に立脚した研究であり，「集落」「埋葬」「生産と流通」「食器」という四系より「社会様式」一四種の考古資料を分析し，それらの動向を，時間的な相関関係のもとに歴史的に収斂して，古代北陸社会の歴史的展開を整理し位置づけを試みた労作である。

考古学的資料によって時代を区分し，歴史的変遷の実像を理解することは，考古学にとって究極の目的の一つであるが，本書は北陸地域の個別具体的な研究を通して真向うからそれに挑んだもの，と評価することができる。

日本の考古学は，地域研究の深まりによって進展しているが，本研究は，まさにそれの実践的研究の成果であり，考古学をはじめ関連の学界に寄与するところが大きいであろう。

なお，本書は，北陸にあって地道な出版活動を続けている桂書房によって上梓されたことも意義深い。桂書房は，すでに北陸古瓦研究会編『北陸の古代寺院―その源流と古瓦―』（1986年）を刊行し，考古学界に寄与するところがあったが，いま，再び本書のごとき地味な学問的著作を提供したことは，高く評価されるであろう。とくに付記して桂書房に敬意を表したい。

（選考委員会・坂詰秀一）

目　次

序　章　課題と方法
第Ⅰ章　北陸の自然・人文的環境
第Ⅱ章　資料の集成と分析
　1 集落
　　a 集落の盛衰
　　b 集落の立地
　　c 集落構造と建物の規模
　　d 小結
　2 埋葬
　　a 前方後円墳と円墳
　　b 方墳と横穴墓
　　c 火葬墓と木棺・土坑墓
　　d 小結
　3 生産と流通
　　a 窯業
　　　①土師器　②須恵器　③瓦　④小結
　　b 塩業
　　c 製鉄
　　d 農業

        e 文献資料から   b 種類と器種の構成比率
        f 小結   c 食器と社会
    4 食器   第Ⅲ章　考古資料に見る画期とその具体相
        a 様式   終　章　律令社会の実像と歴史的意義

　北陸律令社会の様相は，現象には独自のものも多いが，その背景は当時の日本列島に広く共通するものであったと考えてよい。集落の動向一つをとっても，北陸と最も似た歩みをたどった地域は畿内である。この二地域は，収取の産物に示されるように現象には対照的なところもあるが，極めて緊密な関係をもっていたと考えてよい。また北陸に似た性格をもつ地域としては東海と瀬戸内東部とがある。そして西国から東国に至るまで七世紀の内に，防御施設をもつ豪族居館を含めて古墳時代の集落の多くは再編されて，軍事的意味をもつが施設としては非軍事的な律令国家的集村集落が多数成立した。またこれと表裏をなすように，西では大宰府，東では城柵において巨大な軍事施設が設置されることはその歴史的な意義をよく物語っている。

　そして本書ではこの律令社会の成立については七世紀の初めと終わり，また王朝国家社会への転換に関しては九世紀の第2四半期と末の変化が重要であると考え，とりわけ推古朝と醍醐朝の画期を重視した。

　ただ私はこの画期論を他者に強制するつもりはない。集落の変化一つをとってみても，一般村落を重視するならば推古朝の変化が重要であるが，寺院の造営に着目するならば七世紀中頃，官衙の成立からは七世紀末・八世紀初めの画期を重視しなければならないであろう。王朝国家の成立に関しても九世紀第2四半期あるいは一〇世紀中頃の画期を強調することも可能であり，集落以外の分野についても大同小異である。このことは各地の若干の地域差・年代差に着目するとより明らかとなる。

　私が研究のほとんどの時間を割いてきた土器様式の分析から得た結論は，画期の設定は各研究者の価値観あるいは社会観に左右されるが，時代に特有な現象がどの部分から進行し広まっていったかというメカニズムを明らかにすることは，変化の本質を理解する上で有効でありまた普遍的な見解になりうるというものであった。最後にこの立場から，律令社会とは中央権力にある人々，在地有勢者，民衆にとってどのような時代であったのかを考えて本書の結論としたい。（中略）

　先述のように国郡制の特質は，自然・人文的区分に実によく一致することにある。日本の国土は多数の河川によって多くの分散的な平野・盆地に区分されることに特色がある。それを熟知して行政区分を設定することは，一朝一夕に出来るものではなく，何等かの歴史的なメカニズムがあったであろう。論証は難しいが，一つの仮説を提示しよう。

　弥生時代は日本列島に稲作・青銅・鉄文化が到来し，農業社会が根づいた時代であった。そして弥生人は自らが生活した郡程度の自然的なまとまりを軸としながら，多数の政治的・社会的結合を形成した。それが『漢書』地理志に一〇〇余国と記されるものであり，本書で第一段階の弥生小国家と考えるものである。そしてこれらは戦争や外交をてことしつつ，北九州や畿内というようなより広い地域の連合勢力として成長しつつあった。さらに弥生時代末には，地域連合を越えて影響力を行使し，外交権を握る邪馬台国が出現した。それは日本（倭）国家出現前夜の様相である。

　古墳時代には，畿内大王権が広く日本の各地の地域王権を主導し，専制的な支配権を強めつつあった。そしてこの段階から地域（小国家）連合を地域王権と呼びかえるのは，女王国の権力が大王権に転化した時点で，それに参画した地域連合も飛躍したと考えるからである。北陸では広大な領域をもつ越をこのような地域王権と考えている。これに対して，若狭は古墳群の構造の特質から，越から切り離されて中央に

直結した王権であったと推察したい。これを第二段階の国家の基本的な構造と考える。

　そして推古王朝の方針は，第二段階の国家における地域王権を否定あるいは単位王権に転化して，第一段階の国家の領域区分に戻すことにあったと推察したい。『漢書』の国数と『隋書』の軍尼数とが一致することは偶然ではないと思う。また弥生時代小国家の内容を明らかにした佐賀県三養基郡吉野ヶ里環濠集落が古墳時代にはほぼ放棄され（させられ），この頃に復活して後に官衙（駅家か）となることも象徴的な出来事である。

　この歴史的前提があってそれを強化・再編する形で，七世紀中頃の評制施行，七世紀末の国郡制の施行がなされたものと推察する。古墳時代の国家構造と，律令国家（古代前期国家）の国郡制は構造が類似するものの，地域王権の主はおそらく多くの場合は在地豪族の長であり，国司は中央からの派遣官人と全く異なるものである。そして推古朝の政策がその転換をもたらす節目になったと評価するのである。

　このように推古王朝は，地域王権を否定することを課題としたであろう。その成果は，埋葬の変化として具体的に見ることができる。しかし何がそれを可能とさせたのであろうか。力だけでは社会を運営することは出来ないと考える立場からは，生産・流通と，食器に表われるイデオロギーを重視したい。

　古墳時代の越は，異質な自然環境を含む広大な領域を占めている。その結果，そこには地域分業的な生産が成立し相互に製品が流通する地域経済圏が成立した。越王権の基盤の一つはこの地域経済圏を掌握し，かつ大王権が握る威信財や鉄素材のような東アジア規模の経済圏との接点の役割を果たすことにあったと思う。また中央への軍事動員や，物資の貢納をも主導したであろう。

　古代に窯業・製鉄業・塩業のような基幹産業を採算性を無視してまで各地に成立せしめた理由は，このような経済構造を否定し，各小領域の自立性を高めることを意図したものと思う。これが東アジアにおいても異例なほど多くの生産地が成立した理由であろう。また領域区分と自然環境が合致しているならば，それぞれの地域を開発し余剰生産物を収取する場合にも非常に都合が良い。その結果，若狭と越前の木簡，あるいは『延喜式』にみるように特産品の国別の掌握が容易になった。そしてこの時期にこのような形で日本の資源開発が著しく進んだことが，長い目で見るならば重要な結果を生むことになる。（中略）

　推古王朝の課題が，古墳時代の家柄的な身分制を打破することにあったとするならば，君から民に至るまで，仏教を浸透させようとした理由は明らかであろう。それは古墳時代の重層的社会構造を基盤とする地域王権にとっては，自分たちの立場を脅かす危険思想であった。勿論，日本の古代に近代的な意味での平等は在り得ないが，官僚制度をより良く運営するには家柄の特権をできるだけ抑え，ある程度の機会平等と勤務評定を表現することが望ましいのである。そして古代仏教の教義は，これによく一致するものであった。

　このことから逆に王朝国家期に，仏教は密教の部分が発達する反面，支配思想としては排された理由を考えることも可能になる。それは官僚社会から家職を重んじる家柄社会に再転換したからに違いない。またこのような社会構造が貴族社会ばかりでなく民衆社会にまで浸透したからこそ，法然や親鸞の教えが多くの人々の心をとらえ，またそれが支配層にとって危険なものと写ったのであろう。

　以上から推古王朝ひいては古代前期を通じて，中央権力に在る人々がとった政策あるいは考え方を推定した。それは在地有勢者にとっては，どのようなものであったのであろうか。

　北陸における古墳時代後期の有力古墳の分布と国府の位置を対比すると，越前北部・加賀南部という越の中枢部でのみ異なり，他はほぼ一致する。古墳時代的な社会構造が否定される過程にあっては，地域王権の頂点に位置した人々にとっては難しい時代が到来したのであろう。しかしその下位に位置した中小豪

118

族は新たなチャンスを得たものと思う。すなわち郡領層として中央と直結することによって，それまでにはなかった権利を獲得する道が開けたと推察したい。

　日本律令国家が郡領に在地豪族を起用することは，東アジアの律令制においても特異な現象である。その理由は，古墳時代社会を前提とした推古朝の領域編成においては，このレベルの階層を重視して活用することが特に必要で有効な施策であったからであろう。集落の再編成もこの人々の伝統的な支配権に依拠しつつ行ない，また中小豪族もそれに参画することによって，著しく支配力あるいは動員力をつけたであろう。彼らは，古代前期を通じて律令社会の根幹の部分の役割を担うことになる。そしてその支配力が国衙と小規模村落という上下の部分に吸収される時代が王朝国家期である。

　律令社会において中央権力と在地豪族の力関係を計ることは重要な課題である。ただここでは，在地豪族を一律に論じることはできず，地域毎にその構造と役割を明らかにしていくことの重要性を指摘しておこう。そして地域王権を握っていた大豪族とその支配下にあった中小豪族，また古墳時代から中央と直結した畿内や若狭のような地域の豪族という三者において違いが生じたと考えている。北陸，特に越においては，郡領層の活躍を記録する事例が多いことに特色があるが，それを単に中央権力の弱さの表われと理解してはならないのである。（中略）

　このように記述するならば，支配層が仏の恩恵を民衆にまで広げ，旧弊を排して社会を活性化しようと考えたとしても，民衆は現実には失うものが多かったと推察する。律令社会とは民衆が国家とより直接的に対峙するようになってきた時代である。

　しかし民衆が強力な支配を受けた反面，色々の技術が扶植され産業が振興されたことは，たとえそれが国家中枢のためのものであっても，大きな出来事であった。古代集落においては，かなり下位の住居に住む人々ですら，基本的な開墾・耕作具や各種の生産具を所有するようになってきている。また色々の作業に駆使されることは色々の技術を身につけることでもあった。窯業，鋳物，木・漆工，製紙，織物あるいは薬業のように，北陸の伝統産業・伝統技術には，起源あるいは飛躍の契機をここに求めうるものが少なくない。

　そして王朝国家期には，現実に集落における小経営の単位が自立傾向を強め，農業を含む各種生産は，自然・人文的条件を生かす形で発展する段階となった。このような開発・経営単位の成長と，これを再編しようとする権力の営為とが中世社会の基本的な構造を規定することとなる。そして長い目で見るならば，律令国家の政策が日本の各地での国郡を基軸とする経済活動の活発化と政治的結合の形成をもたらし，畿内の相対的な地位を低下させることになることは，おそらく為政者も予測できなかったであろう。

　以上のように，北陸という一地域を手掛かりとするだけでも，律令社会が弥生時代以後の国家形成の一つの到達点であったことが判る。またそれは，後世に大きな影響を及ぼす多くの施策が実行された時代でもあった。そして律令社会の成立に関しては中央権力の飛躍が重要である一方，律令社会以後，現代に至るまでの展開過程を見るならば，それと不可分の形で生じた民衆の生活に関わる部分での変化が，最も大きな歴史的役割を果たしたと評価したいのである。

　本書以後の課題は，地域を広げた「日本律令社会の考古学的研究」または年代を広げた「日本食器史の考古学的研究」あるいは「日本集落史の考古学的研究」，その両者を目指した「日本社会史の考古学的研究」である。そしてそれを可能にするためには資料の集成ばかりでなく，より狭い範囲での地域研究を蓄積することと，東アジア史および東洋・西洋比較史の視点を追求することが重要であると感じている。考古資料は膨大であり，日暮れて道遠しの観があるが，今後も努力を積み重ねて行きたい。（註は省略した）

（同書「律令社会の実像と歴史的意義」を抜粋）

119

■第41号予告■

特集　貝塚が語る縄文文化

1992年10月25日発売
総112頁　2,000円

貝塚の重要性と分析の視点…………岡村道雄
近年の貝塚研究の進展
　貝塚の堆積構造と発掘調査法……山田晃弘
　自然科学的手法で貝塚を分析する
　　　　　　　　　　　　…………小池裕子
縄文貝塚から見た縄文人と生活
　全国の貝塚分布と地域の貝塚群…堀越正行
　貝塚に埋葬された縄文人………松下孝幸
　貝塚と貝塚に残された道具………山田昌久
　貝塚出土の貝・骨が語るもの……樋泉岳二
　土器製塩と貝塚………………鈴木正博

隣接地域の貝塚
　沖縄の貝塚……………………………盛本　勲
貝塚の保存と活用……………………後藤和民
全国の貝塚最新情報
　北海道戸井貝塚／岩手県二子貝塚／千葉県
　実信地区（貝塚）／神奈川県高坂貝塚／愛
　知県大西貝塚／滋賀県粟津貝塚／熊本県黒
　橋貝塚／鹿児島県市来貝塚

＜連載講座＞　縄紋時代史　15……林　謙作
＜最近の発掘から＞＜書　評＞＜論文展望＞
＜報告書・会誌新刊一覧＞＜学界ニュース＞

編集室より

◆雄山閣考古学賞の第1回受賞者が，選考委員の慎重審査の結果，雄山閣賞には小田富士雄・韓炳三（ハンビョンサム）共編『日韓交渉の考古学』（六興出版），特別賞には宇野隆夫著『律令社会の考古学的研究』（桂書房）に決まり，5月12日発表された。受賞者に対し，心よりお祝いを申し上げる。実に候補著作88点の中から選ばれたもので，この両書の広く活用されることを願うものである。6月27日はその授賞式。記念講演とシンポジウムは本号とも関連する「東国における古墳」で，いずれも大変盛況であった。心より御礼

申し上げる。　　　　（芳賀）
◆古墳にはいろんな形があるが，それぞれの形はどんな意味をもつのか。よく〇形は渡来人の墓だとかいわれるが，本当なのか。そんな問題の核心に迫ろうというのが本号の特集である。前方後円墳についていえば，剣菱型の性格が新しい問題として登場している。また，独特な形をなす前方後円形の古墳が朝鮮半島の南部でも数基みつかっているのは興味深い。今回は韓国の姜仁求先生に玉稿を賜わり，東アジアの古墳を見渡していただいた。さらに林孝澤先生のご協力で良洞里遺跡の写真を掲載することができた。ともに感謝にたえない。　　　　（宮島）

本号の編集協力者——石野博信（徳島文理大学教授）

1933年宮城県生まれ，関西大学大学院修了。『古墳文化出現期の研究』『古墳時代史』『日本原始・古代住居の研究』『古墳時代の研究』全13巻などの著書・編集がある。

■本号の表紙■

京都府与謝郡加悦（かや）町にある作り山古墳群。隣りの丘陵にある全長145ｍの蛭子山（えびすやま）古墳とともに前方後円墳と円墳によって4世紀の丹後中枢部の首長墓を構成する。

写真手前の前方後円墳は、平野（写真の左方）から見える方は墳丘をきちんと2段に築いているが，見えない方は下1段目を省略している。前方後円墳の平面企画がある思想に基づくものとすれば，あってはいけない手抜き工事であり，平野からの側面観が重要なのであれば，当然の工事手法である。

ここ数年をかけて，加悦町民による一人一石運動によって葺石が葺かれ，住民参加によって文化財保護が実った。

（写真提供・加悦町教育委員会）　　　（石野博信）

お詫びと訂正

7月5日発行の季刊考古学別冊2「見瀬丸山古墳と天皇陵」の奥付，執筆者紹介の欄で，吉田健司氏の肩書が「テレビ朝日報道局報道センター記者」になっておりますが，「朝日放送記者」の誤まりでした。お詫びして訂正いたします。

（編集部）

季刊 考古学　第40号
ARCHAEOLOGY QUARTERLY

1992年8月1日発行

定価　2,200円
（本体 2,136円）

編集人　芳賀章内
発行人　長坂一雄
印刷所　新日本印刷株式会社
発行所　雄山閣出版株式会社
〒102 東京都千代田区富士見2-6-9
電話　03-3262-3231　振替　東京3-1685

◆本誌記事の無断転載は固くおことわりします
ISBN4-639-01104-0　printed in Japan

季刊 考古学	オンデマンド版 第 40 号	1992 年 7 月 1 日 初版発行
ARCHAEOROGY QUARTERLY		2018 年 6 月 10 日 オンデマンド版発行

定価（本体 2,400 円 + 税）

編集人　　芳賀章内

発行人　　宮田哲男

印刷所　　石川特殊特急製本株式会社

発行所　　株式会社　雄山閣　http://www.yuzankaku.co.jp

　　　　　〒 102-0071　東京都千代田区富士見 2-6-9

　　　　　電話 03-3262-3231　FAX 03-3262-6938　振替　00130-5-1685

◆本誌記事の無断転載は固くおことわりします　　ISBN 978-4-639-13040-6　Printed in Japan

初期バックナンバー、待望の復刻!!
季刊 考古学 OD　創刊号〜第 50 号〈第一期〉
全 50 冊セット定価（本体 120,000 円＋税）　セット ISBN：978-4-639-10532-9
各巻分売可　各巻定価（本体 2,400 円＋税）

号　数	刊行年	特集名	編　者	ISBN（978-4-639-）
創刊号	1982 年 10 月	縄文人は何を食べたか	渡辺 誠	13001-7
第 2 号	1983 年 1 月	神々と仏を考古学する	坂詰 秀一	13002-4
第 3 号	1983 年 4 月	古墳の謎を解剖する	大塚 初重	13003-1
第 4 号	1983 年 7 月	日本旧石器人の生活と技術	加藤 晋平	13004-8
第 5 号	1983 年 10 月	装身の考古学	町田 章・春成秀爾	13005-5
第 6 号	1984 年 1 月	邪馬台国を考古学する	西谷 正	13006-2
第 7 号	1984 年 4 月	縄文人のムラとくらし	林 謙作	13007-9
第 8 号	1984 年 7 月	古代日本の鉄を科学する	佐々木 稔	13008-6
第 9 号	1984 年 10 月	墳墓の形態とその思想	坂詰 秀一	13009-3
第 10 号	1985 年 1 月	古墳の編年を総括する	石野 博信	13010-9
第 11 号	1985 年 4 月	動物の骨が語る世界	金子 浩昌	13011-6
第 12 号	1985 年 7 月	縄文時代のものと文化の交流	戸沢 充則	13012-3
第 13 号	1985 年 10 月	江戸時代を掘る	加藤 晋平・古泉 弘	13013-0
第 14 号	1986 年 1 月	弥生人は何を食べたか	甲元 真之	13014-7
第 15 号	1986 年 4 月	日本海をめぐる環境と考古学	安田 喜憲	13015-4
第 16 号	1986 年 7 月	古墳時代の社会と変革	岩崎 卓也	13016-1
第 17 号	1986 年 10 月	縄文土器の編年	小林 達雄	13017-8
第 18 号	1987 年 1 月	考古学と出土文字	坂詰 秀一	13018-5
第 19 号	1987 年 4 月	弥生土器は語る	工楽 善通	13019-2
第 20 号	1987 年 7 月	埴輪をめぐる古墳社会	水野 正好	13020-8
第 21 号	1987 年 10 月	縄文文化の地域性	林 謙作	13021-5
第 22 号	1988 年 1 月	古代の都城—飛鳥から平安京まで	町田 章	13022-2
第 23 号	1988 年 4 月	縄文と弥生を比較する	乙益 重隆	13023-9
第 24 号	1988 年 7 月	土器からよむ古墳社会	中村 浩・望月幹夫	13024-6
第 25 号	1988 年 10 月	縄文・弥生の漁撈文化	渡辺 誠	13025-3
第 26 号	1989 年 1 月	戦国考古学のイメージ	坂詰 秀一	13026-0
第 27 号	1989 年 4 月	青銅器と弥生社会	西谷 正	13027-7
第 28 号	1989 年 7 月	古墳には何が副葬されたか	泉森 皎	13028-4
第 29 号	1989 年 10 月	旧石器時代の東アジアと日本	加藤 晋平	13029-1
第 30 号	1990 年 1 月	縄文土偶の世界	小林 達雄	13030-7
第 31 号	1990 年 4 月	環濠集落とクニのおこり	原口 正三	13031-4
第 32 号	1990 年 7 月	古代の住居—縄文から古墳へ	宮本 長二郎・工楽 善通	13032-1
第 33 号	1990 年 10 月	古墳時代の日本と中国・朝鮮	岩崎 卓也・中山 清隆	13033-8
第 34 号	1991 年 1 月	古代仏教の考古学	坂詰 秀一・森 郁夫	13034-5
第 35 号	1991 年 4 月	石器と人類の歴史	戸沢 充則	13035-2
第 36 号	1991 年 7 月	古代の豪族居館	小笠原 好彦・阿部 義平	13036-9
第 37 号	1991 年 10 月	稲作農耕と弥生文化	工楽 善通	13037-6
第 38 号	1992 年 1 月	アジアのなかの縄文文化	西谷 正・木村 幾多郎	13038-3
第 39 号	1992 年 4 月	中世を考古学する	坂詰 秀一	13039-0
第 40 号	1992 年 7 月	古墳の形の謎を解く	石野 博信	13040-6
第 41 号	1992 年 10 月	貝塚が語る縄文文化	岡村 道雄	13041-3
第 42 号	1993 年 1 月	須恵器の編年とその時代	中村 浩	13042-0
第 43 号	1993 年 4 月	鏡の語る古代史	高倉 洋彰・車崎 正彦	13043-7
第 44 号	1993 年 7 月	縄文時代の家と集落	小林 達雄	13044-4
第 45 号	1993 年 10 月	横穴式石室の世界	河上 邦彦	13045-1
第 46 号	1994 年 1 月	古代の道と考古学	木下 良・坂詰 秀一	13046-8
第 47 号	1994 年 4 月	先史時代の木工文化	工楽 善通・黒崎 直	13047-5
第 48 号	1994 年 7 月	縄文社会と土器	小林 達雄	13048-2
第 49 号	1994 年 10 月	平安京跡発掘	江谷 寛・坂詰 秀一	13049-9
第 50 号	1995 年 1 月	縄文時代の新展開	渡辺 誠	13050-5

※「季刊 考古学 OD」は初版を底本とし、広告頁のみを除いてその他は原本そのままに復刻しております。初版との内容の差違は
　ございません。

「季刊 考古学　OD」は全国の一般書店にて販売しております。なるべくお近くの書店でご注文なさることをおすすめしますが、とくに手に入り
にくいときには当社へ直接お申込みください。